RECONCILIACIÓN

Romance del Espíritu

Antônio Carlos

Psicografía de

Vera Lúcia Marinzeck de Carvalho

Traducción al Español:
J.Thomas Saldias, MSc.
Trujillo, Perú, Noviembre, 2023

Título Original en Portugués:
"Palco das Encarnações"
© Vera Lúcia Marinzeck de Carvalho, 2014

World Spiritist Institute
Houston, Texas, USA
E-mail: contact@worldspiritistinstitute.org

De la Médium

Vera Lúcia Marinzeck de Carvalho (São Sebastião do Paraíso, 21 de octubre -) es una médium espírita brasileña.

Desde pequeña se dio cuenta de su mediumnidad, en forma de clarividencia. Un vecino le prestó la primera obra espírita que leyó, "*El Libro de los Espíritus*", de Allan Kardec. Comenzó a seguir la Doctrina Espírita en 1975.

Recibe obras dictadas por los espíritus Patrícia, Rosângela, Jussara y Antônio Carlos, con quienes comenzó en psicografía, practicando durante nueve años hasta el lanzamiento de su primer trabajo en 1990.

El libro "Violetas na Janela", del espíritu Patrícia, publicado en 1993, se ha convertido en un éxito de ventas en el Brasil con más de 2 millones de copias vendidas habiendo sido traducido al inglés, español, francés y alemán, a través del World Spiritist Institute.

Del Traductor

Jesús Thomas Saldias, MSc., nació en Trujillo, Perú.

Desde los años 80s conoció la doctrina espírita gracias a su estadía en Brasil donde tuvo oportunidad de interactuar a través de médiums con el Dr. Napoleón Rodriguez Laureano, quien se convirtió en su mentor y guía espiritual.

Posteriormente se mudó al Estado de Texas, en los Estados Unidos y se graduó en la carrera de Zootecnia en la Universidad de Texas A&M. Obtuvo también su Maestría en Ciencias de Fauna Silvestre siguiendo sus estudios de Doctorado en la misma universidad.

Terminada su carrera académica, estableció la empresa *Global Specialized Consultants LLC* a través de la cual promovió el Uso Sostenible de Recursos Naturales a través de Latino América y luego fue partícipe de la formación del **World Spiritist Institute**, registrado en el Estado de Texas como una ONG sin fines de lucro con la finalidad de promover la divulgación de la doctrina espírita.

Actualmente se encuentra trabajando desde Perú en la traducción de libros de varios médiums y espíritus del portugués al español, habiendo traducido más de 260 títulos, así como conduciendo el programa "La Hora de los Espíritus."

Índice

PREFACIO 7
EL POZO 11
LA AYUDA 23
APRENDIENDO..37
ESCUCHAR A LOS AMIGOS 45
AYUDANDO A MI MADRE.....................................66
EL LOCO 79
EL PERDÓN...89
EL PASADO...99
LA DECISIÓN..117
REENCARNADO..133
DE REGREO..150
NUEVAS RESPONSABILIDADES.........................173
APRENDIENDO A SERVIR 185
EN EL CONFORT DEL ESPIRITISMO 197
ALELUYA 210

"Por tanto, si estás a punto de hacer tu ofrenda ante el altar y allí te acuerdas que tu hermano tiene algo contra ti, deja tu ofrenda allí delante del altar, y ve y reconcíliate primero con tu hermano, y luego ven y haz tu ofrenda."

Mateo 5:23,24

PREFACIO

Por João Duarte De Castro

El médium es un instrumento de lo Alto en la intermediación de tareas provenientes del plano espiritual: el médium espírita sabe que el futuro está siendo proyectado, moldeado y definido por el presente; también sabe que el hoy es consecuencia del ayer. ¡Es consciente que ha asumido este compromiso y que no puede eludir sus responsabilidades para no poner en riesgo sus rescates, su superación, su progreso moral y espiritual!

El médium pidió servir como elemento conector entre ambas dimensiones para saldar más rápidamente sus deudas y dar cuenta de sus méritos. Es dando como se recibe. El médium es solo un instrumento, pero de primordial importancia; todos, cada uno en nuestro sector, somos instrumentos, pero debemos intentar ser siempre el mejor instrumento. Sin vanidad, sin presunciones, el médium psicógrafo debe ejercer su actividad porque sabe que el trabajo no es suyo, que solo desempeña el papel del teléfono o la función del lápiz. Vera Lúcia encaja exactamente en esta categoría de médiums conscientes de su naturaleza y de su responsabilidad. Es sencilla, humilde, pero dedicada, consciente y responsable.

La misión de los buenos espíritus, guías, amigos y protectores, al hacer manifestaciones en la Tierra, es la educación, el amor, la justicia y la obra evangélica. Conocemos a los buenos espíritus por los frutos de su manifestación; sus textos están dirigidos tanto a la revelación de la realidad espiritual como a la promoción de la persona humana. En definitiva, con el objetivo de facilitar la evolución del espíritu, hacerle sentir que aquí o allá, a veces en un plano, a veces en otro, siempre somos los mismos y el camino que recorremos hacia la perfección es uno, siempre.

Los buenos espíritus, guías, amigos y protectores no se manifiestan por casualidad ni son elegidos para actuar por privilegios. Los médiums no son manipuladores ni dueños de la verdad. La misión mediúmnica es santa y tiene carácter socializador. Su objetivo es fraternizar a través de la revelación, el conocimiento y el amor.

La Doctrina Espírita es verdad elaborada, humildad comprendida, amor ejemplificado porque es cristianismo revivificado y auténtico; es caridad, justicia y fraternidad enseñadas a personas en una trayectoria educativa ascendente. Todo esto está contenido en la obra del espíritu Antônio Carlos.

Esta es una novela que impresiona y agrada por muchas razones: la historia es atrapante y sugerente, el tema es apasionante, el estilo es simple pero atractivo, la lectura es dinámica, las enseñanzas son profundas y ofrecen una magnífica visión de la vida en el plano espiritual.

El escritor desencarnado tiene una ventaja significativa sobre el trabajo de sus colegas encarnados: poder actuar con facilidad y simultáneamente en ambos planos de la realidad espiritual. Mientras aquí permanecemos arraigados y con una visión muy limitada, el espíritu liberado participa de la vida material y de la existencia espiritual al mismo tiempo. Nosotros, de este lado, dependemos mucho de la intuición, la inspiración y la información que nos llega del otro mundo para poder informar sobre la vida en la otra dimensión; el informante desmaterializado ve tanto allí como aquí, realizando sus observaciones en el plano invisible y en el universo material, de forma directa, propia y objetiva.

Todo en esta novela impresiona, agrada e ilumina. Sin embargo, lo que me pareció aun más impresionante fue la descripción del trabajo realizado por un equipo de espíritus salvadores en un Centro Espírita. Si bien los encarnados solo conocen la tarea que ellos mismos realizan, existe simultáneamente una amplia actividad realizada en el plano espiritual. Raúl – Ricardo - describe detalladamente su participación en uno de estos equipos de asistencia en un Centro Espírita, principalmente como celador, actuando preventivamente contra los espíritus malignos, perturbados y perturbadores; de vigilante pasa a formar parte de la tarea de asistir a la práctica mediúmnica, ayudando, organizando y dirigiendo a los desencarnados hacia los médiums; luego, integrar equipos de socorro que atiendan pedidos de ayuda de desencarnados que deambulan por la ciudad, en hospitales que atienden a encarnados y enfermos desencarnados; visitar cementerios y consolar tanto a encarnados inconsolables como a desencarnados que se aferran desesperados a sus restos mortales; remitir espíritus que necesitan atención a una sala de emergencia espiritual, etc.

Cuando mi querida amiga Antonina Barbosa Negro, de la ciudad de Leme (SP), gran defensora de mis modestas obras, me llamó pidiéndome que la ayudara a evaluar los originales de una novela que le habían enviado, me puse a su disposición. Es frecuente y natural que un escritor reciba solicitudes similares. Antonina dijo que conocía mis ocupaciones y la escasez de mi tiempo, pero que insistió en que realizara la tarea.

Explicó que se trataba de material psicografiado por su amiga Vera Lúcia, de la ciudad de Jaú (SP), autoría espiritual de Antônio Carlos, de una novela titulada *Reconciliación*, que ella había leído y apreciado mucho. Como siempre hago cuando me piden esa colaboración, también le dejé claro a Antonina que mi opinión se daría de acuerdo con el valor del texto, independientemente de amistad o consideración. Si ella me enviara los dichos originales, me tomaría tiempo para leerlos y apreciarlos...

Como se trataba de material mediúmnico, no pude evitar "levantar la nariz" íntimamente, ante el enorme aumento de obras psicografiadas de mediocre calidad que existen. Desafortunadamente, muchos editores publican cualquier cosa siempre que sea trabajo espiritual. ¿Es un libro dictado por una persona desencarnada? Luego "Amén", y firma abajo...

Y fue con este espíritu que recibí los originales de este libro y comencé a leerlo. Para resumir, confieso que me involucré tanto desde el principio, y me gustó la trama, el lenguaje, el estilo, las enseñanzas, todo, en fin, tanto que, cuando llegué al final, encontré que no hay otras palabras para traducir mi entusiasmo, excepto "¡Hermoso! ¡Magnífico!" Y escribí esto al final del texto.

¡Qué escritor tan exuberante es nuestro Antônio Carlos, y qué instrumento mediúmnico fiel y competente es nuestra Vera Lúcia!

Al llamar de nuevo para pedirme mi opinión, le dijeron a Antonina que no solo había disfrutado mucho el libro sino que haría todo lo que estuviera en mi poder para verlo publicado. Y para enmendar mi cautela inicial, me comprometí a escribir el prefacio y las palabras de la contraportada. Por eso, los originales fueron enviados con nuestra entusiasta recomendación a Flávio y Carmen, personal idealista de PETIT Editora, y el libro está aquí, incluido el cumplimiento de mi promesa respecto al prefacio.

Sin querer hacer predicciones, creo que esta novela de Antônio Carlos ocupará muy pronto un lugar destacado en la literatura espírita. Para ser justos, digo.

EL POZO

Desperté con un extraño aturdimiento, por unos momentos no supe dónde estaba, todo parecía confuso, los últimos acontecimientos me desorientaron. Tomé conciencia poco a poco; con mucho esfuerzo comencé a abrir los ojos, traté de ver dónde estaba, en lo alto vi la luz, el brillo del Sol. Intenté moverme, no podía, sentí dolores agudos, todo mi cuerpo dolor en el cuerpo. Solo podía mover los ojos, pero la luz de arriba me mareaba. Luché por hablar.

- Oh, oh. - Alcancé a murmurar suavemente, doliendo aun más con el esfuerzo que hice.

Entonces me acordé del pozo. Yo estaba dentro de eso, lo conocía bien, siempre jugaba cerca con mis amigos; era un viejo pozo seco y abandonado. Debía tener unos cinco metros de profundidad y no era angosto, teniendo unos dos metros de diámetro; ahora, en su interior, parecía muy profundo y aterrador. Con mucho esfuerzo, lentamente logré girar un poco la cabeza hacia el lado derecho, aumentando el dolor que sentía, y entonces la vi.

Mamá estaba allí, yo había caído encima de ella, su cuerpo había amortiguado mi caída. La vi de pecho para arriba, estaba cubierta de sangre, inmóvil y con los ojos cerrados. Al verla, además del horrible dolor, sentí miedo y desesperación. Me concentré, junté todas mis fuerzas y logré susurrar:

- Madre...

Ella no se movió. "Debe estar desmayada - pensé -. Cuando despierte me ayudará."

Ya no me moví, preferí quedarme mirándola, me daba más seguridad; luego el dolor fue muy fuerte, cuando intenté moverme, empeoró, y sentí que iba a estallar, ¡debí haberme roto algunos huesos!

Me acordé de mi amigo Juancito, que se rompió la pierna, lloró, gritó, decía que parecía roto. Ahora, con la cabeza vuelta, ya no veía la boca del pozo, sino las paredes de tierra y piedra, y mi madre, que no se movía, tardó un rato en despertar del desmayo.

- "En tiempos difíciles, reza."

Me pareció que escuchaba a mi abuela. La abuela Margarita siempre me decía eso. La recordaba, recordaba perfectamente cómo era, la extrañaba aun más, extrañaba su cariño, su manera gentil de consolarme cuando algo me dolía.

Intenté recordar las oraciones, las que siempre repetía, pero no podía recordarlas.

- ¡Ah! Mi Niño Jesús, haz que nos encuentren, haz que alguien nos saque de aquí, a través de María, Tu Madre, te lo pido. Ave María...

No podía ni comenzar, mis pensamientos estaban descoordinados, tenía dificultades para concentrarme para repetir las oraciones que había memorizado. El dolor era continuo y fuerte, sentía que el sudor me mojaba y debía estar ensangrentado, como mi madre. Abrí los ojos y la miré, ¡era tan hermosa! Ahora se veía extraña, su cabello estaba desordenado, estaba toda sucia y no se movió.

- "¡Dios mío! Asegúrate que nos encuentren" – pensé con firmeza. Era la tarde, pronto llegaría la noche, oscurecería y sería mucho peor, haría frío, de noche nadie pasaría por allí y mucho menos miraría el pozo. ¡Si tan solo pudiera gritar!

Me sentí como si estuviera encima del cuerpo de mi madre y no noté ningún movimiento en ella. Ella cayó primero, lo vi levantarla, clavarle el cuchillo en el pecho y luego arrojarla al pozo; Me veía asustado, no entendía, no quería creerlo, quería gritar, no podía, me quedé quieto. Me miró, temblé de miedo, vino hacia mí, intenté escapar, comencé a correr, pero pronto me alcanzó; Me tomó fuertemente del brazo, me arrastró unos metros, acercándome al pozo.

"¡Es necesario! – dijo fuerte y bajo –. Tú también."

Quise gritar, no pude, me horroricé, lo vi levantar la otra mano, la derecha, y el cuchillo vino hacia mí; angustiado, me desesperaba por escapar, pero su mano, que parecía una garra de hierro, no me soltaba. No alcanzó su objetivo, el cuchillo hirió mi hombro izquierdo en lugar de mi corazón. Que dolor tan horrible, un dolor agudo que me mareaba.

Lo sentí quitar el cuchillo, levantándome por la cintura; quise hacer algo, gritar, soltarme, pero no pude, y entonces me arrojó al pozo. Sentí que caía, me desmayé al caer, debí haber estado inconsciente por unos minutos. Una extraña debilidad se estaba apoderando de mí, parecía que todo daba vueltas. Abrí los ojos que insistían en cerrarse, mamá seguía igual.

- Haz que se arrepienta, Jesús, y ven a buscarme; si no podemos gritar, es poco probable que alguien nos encuentre. ¡Es tan raro que alguien mire dentro del pozo!

Intenté repetir las oraciones nuevamente. "Ave María...", no quería pensar, quería orar y los pensamientos venían independientemente de mi voluntad. Acontecimientos que me sucedieron invadieron mi memoria, recordé mi infancia, todavía estaba ahí, iba a cumplir doce el próximo mes. Siempre pensé que no tenía mucho que contar sobre mi vida y ahora recordaba tantos hechos, acontecimientos, y con tantos detalles que creía haber olvidado; los recordé como si los viviera. El rostro de mi abuela llenó mi mente, la amaba mucho. Se llamaba Margarita, era mi abuela materna, fue la persona que más cariño y amor me dio. Viví con ella hasta los ocho años, ella fue quien me crio, me enseñó a orar. Era tan buena, tan dulce y tan querida por todos los que la conocían. Mientras viví con ella fui muy feliz, rara vez iba a casa de mis padres y solo recibíamos visitas de mamá y mis hermanas.

¡Mis hermanitas! ¡Cómo quería verlas! Era el mayor, luego vinieron Taís y Telma, que siempre vivieron con mis padres. La abuela murió repentinamente. Realmente no entendía lo que significaba morir, sentía que estábamos separados y que mi felicidad se había acabado. Me fui a vivir con mis padres.

La finca, ¡qué linda era la finca donde pasé mi primera infancia con la abuela! ¡Para mí era el lugar más hermoso del mundo! La abuela me dijo que siempre encontramos los lugares donde estamos felices de ser bellas. Después de la muerte de la abuela, solo volví allí dos veces. Recordé todo como si los eventos de ayer hubiesen sucedido hace años, me acordé de mis juguetes, los árboles, los animales, la casa. La granja estaba cerca del pueblo donde vivían mis padres y se vendió después que la abuela se fue.

Me sentí muy triste por tener que dejar la finca para irme a vivir con mis padres; tenía miedo, el corazón me dio un vuelco en el pecho. La casa era grande y buena y el pueblo era pequeño, donde todos se conocían. Mi padre tenía una tienda no lejos de casa, cerca de la iglesia. Mamá era hermosa y delicada, sus grandes ojos azules siempre estaban tristes. Taís y Telma eran unos amores, tranquilas, delicadas, obedientes. María, la criada a la que llamábamos Negrita, también vivía con nosotros porque era negra, muy negra y pequeña. Me gustó nada más verla, era muy unida a mi madre y ambas trabajaban mucho.

Pronto me di cuenta que no le agradaba a mi padre. Cuando llegaba a casa, Taís y Telma corrían a abrazarlo y él las mimaba, las cargaba, se reía de ellas. No me atrevía a acercarme, seguía mirando, él no me hablaba; me ignoraba, parecía que ni siquiera le gustaba verme.

Empecé a tenerle miedo, parecía que lo estaba irritando y empezó a maldecirme, a golpearme por cualquier motivo e incluso sin motivo. No entendí, no pude entender por qué hizo esto; mamá, cariñosamente, trató de explicarme:

- "Raúl, tu papá está cansado. Manuel trabaja mucho. Evita verlo, está muy poco en casa. Cuando él esté, sal, hijo, ve a jugar con tus amigos; cuando se vaya, vuelve. Esta irritación pasa, hay que tener paciencia, comprenderle y nunca hacer nada que le moleste."

Yo estaba muy triste, pero traté de obedecer a mi madre, sin hacer preguntas para no entristecerla aun más. A veces me preguntaba por qué solo estaba nervioso por mí. Si estaba cansado, ¿por qué jugaba con mis hermanas y no conmigo? ¿Por qué me golpeaba tanto, si no lo desobedecía de ninguna manera? De hecho, era mi madre la que trabajaba mucho, se pasaba el día entero en la cocina preparando delicias para vender en la tienda. Nunca fui a la tienda, siempre quise ir, pero mi padre me lo prohibió. Siempre pasaba y lo veía ociosamente hablando con otros hombres y pensaba: "mamá dice que está cansado, no lo veo haciendo nada, ¿sabe que está holgazaneando?" Nunca tuve el valor de contarle lo que vi.

En la finca dormía en la habitación de la abuela: ¡qué lindo era disfrutar de su compañía, recibir su beso de buenas noches! Con mis padres, no quería dormir solo en la habitación; quería acostarme con mis hermanas y mi padre no me dejaba. Me fui a dormir con la Negrita al cuartito cerca de la cocina. Al principio me pareció extraño, pero ella era muy amable y pronto nos hicimos buenos amigos. Negrita había quedado huérfana de madre cuando era muy pequeña y su padre la puso a trabajar como empleada doméstica, viviendo del trabajo. Antes vivía con mi abuela y vino con mi madre cuando ella se casó.

Veía poco a su padre, tenía hermanos por parte de padre con otra mujer, había contado su historia una vez y luego nunca la volvió a mencionar. No le gustaba hablar de su vida, para ella su familia éramos nosotros, a quienes quería mucho.

Tenía muchos amigos, todos me gustaban y me querían mucho, tocábamos en todos lados. Iba a la escuela por la mañana y hacía mis tareas por la tarde; me gustaba ayudar a mamá y a Negrita a hacer dulces. Y, cuando mi padre llegaba, me marchaba rápidamente, yendo a jugar, o incluso quedándome en un rincón del patio esperando que saliera nuevamente. Por eso, jugaba mucho por la zona, sin importar si hacía frío o llovía. Conocía a todos los chicos del barrio. En casa se convirtió en una costumbre observar las llegadas de mi padre. Negrita y mis hermanas me avisaban: "¡Raúl, ya viene papá!"

Él solía entrar por la puerta principal y yo salía por la de atrás. Fui a jugar, a nadar en el río, a pescar, a jugar a las peonzas, a jugar con las pelotas, corría por todos lados. No le mencioné a nadie que papá se metía conmigo, como me recomendó mamá. Lo molesto fue que me acostaba muy temprano, después de cenar; papá llegaba y rara vez salía, yo me iba a mi habitación y me quedaba allí. Sin nadie con quien jugar, me iba a dormir. Papá les compraba ropa y juguetes hermosos a Taís y Telma, nunca me regaló nada y no dejaba que mamá me comprara nada. No sentía envidia de mis hermanas, pensaba que merecían recibir regalos, sobre todo porque me dejaban jugar con ellas, pero los juguetes de las niñas no me hacían gracia. La ropa la conseguí mi tía, mi prima mayor.

No me molestaban estas diferencias; sí, extrañaba su amor.

El dolor era fuerte, muy fuerte y no desaparecía. Intenté rezar de nuevo, quise y no pude repetir las que sabía de memoria, pensé en las imágenes que siempre veía en la iglesia, la de María, con expresión de sufrimiento, y la de Jesús, coronado de espinas. y todo magullado. Jesús debió sufrir mucho, como yo ahora. Mamá no se movía, tardaba demasiado en despertar: ¿estaría muerta?

Aterrado, quería llorar, pero no podía, tenía los ojos secos y los recuerdos seguían viniendo.

¡Esa roca! Noté una piedra de forma cuadrada justo en la pared del pozo y me acordé de mi carro. Había sido un regalo de la abuela, estaba hecho de madera, una copia perfecta del carro que tiraban los bueyes en la finca. Tuve mucho cuidado con él, lo guardé en mi habitación, en el armario, lo tenía como recuerdo de mi abuela.

Un día estaba lloviendo, no vimos llegar a papá, había regresado temprano, estaba empezando a cenar. Cuando me vio empezó a regañarme, sentí mucho miedo, no sabía qué hacer, si quedarme o salir de la habitación. Me dijo que lo mirara, lo hice, y me maldijo aun más. Hasta que escuché con cierto alivio: "¡Hoy no comas más! Vete a tu habitación." Casi salí corriendo, me quedé en mi habitación, cogí mi cochecito como pidiendo protección. Escuché voces en la cocina, papá estaba discutiendo con mamá.

- No debería tratarlo así - dijo mamá.

- Aquí mando y hago lo que quiero. ¡Si crees que es malo, encontrarás más!

Entró a mi habitación empujando la puerta. Asustado, me quedé mirando sin poder moverme. Pateó mi cochecito y lo pisó, luego se quitó la correa y empezó a golpearme. Grité. Mamá y Negrita acudieron en mi ayuda y acabaron siendo golpeadas también.

Se fue furioso y todos lloramos: mamá, Negrita, mis hermanas y yo. Mamá tuvo que bañarme en sal marina. Me dolía todo el cuerpo, pero lo que realmente me dolió fue ver mi carrito completamente roto.

- ¿Por qué, mami, por qué?

Ella no respondió, estaba tan triste como yo. Me ayudó a arreglar mi carrito. Ya no era como antes, ya no funcionaba. Luego lo mantuve bien escondido y solo lo saqué cuando estuve seguro que papá no estaría en casa. Después de ese día nos volvimos más cuidadosos, yo evitaba ver a mi padre, pasaba meses sin verlo y, cuando lo hacía, era de lejos.

Recientemente, mamá estaba más triste y abatida. Negrita me había dicho que estaba sufriendo, Telma la había visto llorar y dijo que papá le había gritado.

Esa semana me pareció que estaba cambiando: en los últimos días se había vuelto más atento. Me encontró almorzando, temblé de miedo, sin saber si irme o quedarme, él solo me miró y me dijo: "Come, muchacho."

Salió de la cocina y se dirigió a la sala de estar. Suspiramos aliviados, terminé de almorzar y salí rápidamente de casa. Es curioso que cuando se refería a mí, nunca me llamaba por mi nombre, siempre "niño" o "pequeño."

Hace dos días trajo dulces, las niñas corrieron a buscarlos, ya salía de la cocina cuando me llamó: "¡Niño, ven!" Todos estábamos asustados, yo temblé, me detuve y volví, él estaba entrando a la cocina.

"¡Toma esto!" Me dio dulces, los mismos que les había dado a las niñas; Yo estaba feliz, mamá estaba feliz, me esforcé mucho y logré decir: "Gracias."

Ayer, cuando íbamos a cenar, Negrita anunció que llegaba. Corrí a mi habitación, un lugar al que nunca había vuelto a entrar. Desde la cocina gritó: "¡Chico, ven a cenar!"

No me moví, mi madre vino a buscarme y me dijo: "Ven, que está tranquilo." Me asusté, nos sentamos todos y cenamos. No me atrevía a levantar la cabeza y no hablé. Lo miré subrepticiamente un par de veces, parecía tranquilo. La cena me pareció larga: cuando terminamos, nos sentamos y conversaron. Hasta que nos dijo que durmiéramos; me fui, aliviado.

Esta mañana, papá le dijo a Negrita que llevara a las niñas al ensayo del coro de la iglesia por la tarde y esperara para traerlas de regreso. Tan pronto como Negrita y las niñas se fueron, estábamos en la cocina, yo haciendo mis tareas escolares y mamá haciendo pastelitos, cuando papá entró inesperadamente; Normalmente no volvía a casa a esa hora.

Cuando lo vi entrar por la puerta de la cocina me quedé callado, pero él se giró hacia mí y me preguntó:

- Chico, ¿estás bien en la escuela?

- Sí, lo estoy, señor – respondí.

- Manuela, he estado pensando, creo que es hora de poner fin a algunas cosas desagradables aquí en casa. Raúl no necesitará salir de casa cuando yo llegue, eso trae comentarios y no lo golpearé más. Intentemos vivir en paz.

- ¡Manuel! - Exclamó mamá -. ¿De verdad quieres eso? ¡Eso es bueno!

- Empecemos dando un paseo. Me apetece caminar un rato por el campo, es bonito en esta época del año. Ven conmigo, Manuela.

- ¡Pero Manuel, voy a freír las empanadillas!

- Deja eso para más tarde. Estás trabajando duro, la tienda se quedará sin pasteles hoy, aprovechemos esta hermosa tarde para hablar y entendernos. Las chicas no volverán hasta las siete en punto. Y ven tú también, niño. Vamos los tres. Cierra la casa, Manuela, mientras yo voy a la tienda a darle las órdenes a Oswaldo. Adelántate con el niño, te veo pronto, sigue por la carretera de Capoeira.

Papá se fue y mamá sonrió feliz.

- Vamos Raúl, vamos a caminar con tu padre. Ciérrame la casa, ya me arreglaré, creo que Manuel está cambiando, nos trató tan bien...

Pronto salimos y nos dirigimos al costado de la carretera de Capoeira, que no estaba lejos de casa, era la ruta de varias haciendas hacia la ciudad.

Fuimos de la mano. Mamá se había soltado el pelo, peinándolo, estaba muy bonita, estaba perfumada y sonriente. Me recomendó:

- Raúl, hijo mío, presta mucha atención, sé obediente. No debes irritar a tu padre, habla poco, quédate callado, obedécelo en todo para complacerlo. Quédate cerca de mí, no te alejes, ¿entiendes?

- Estoy muy feliz, tengo fe en Dios y espero en mi corazón que nuestra vida cambie. Creo que él me ama, está feliz y tranquilo. Quería caminar con nosotros. Eso es bueno, ¿no crees?"

Caminamos por el camino, el campo estaba en flor y la tarde era cálida y agradable. Miré más a mi madre, feliz, ¡era aun más hermosa y era tan dulce y tan buena! Papá nos alcanzó, vino apresuradamente mirando hacia atrás, sonrió al vernos.

Me frotó la cabeza, queriendo ser amable, pero no era feliz como mi madre. Sentí miedo, no sabía por qué, sentí ansiedad, como si en cualquier momento me fuera a quitar el cinturón y golpearme.

Seguimos caminando.

- ¿Bajamos allí? - Sugirió papá.

- ¿No está lejos? Las niñas pueden regresar -respondió mamá.

- Bueno, Manuela, están con Negrita y no nos demoraremos, hoy tengo ganas de caminar.

¿No crees que es agradable pasear por el campo?

- Es realmente lindo. Vámonos.

Hablaron, papá me pareció un poco extraño, miraba mucho a su alrededor, mientras mamá estaba feliz con la atención que recibía. Recordó su infancia en la finca, sus padres, cuando eran novios, la coincidencia de nombres. Dejamos la carretera y bajamos una pequeña colina. Fui en silencio, al lado de mi madre, como ella me había recomendado, recogiendo piedritas y tirándolas.

- Aquí está. El viejo pozo abandonado - dijo mi padre.

- ¿No te parece peligroso, Manuel, dejar un hueco así abierto en medio del campo?

- Se abrió porque creían que habían encontrado agua, al no salir nada lo abandonaron. Ven, vamos a verla. Manuela, ¿le dijiste a alguien que íbamos a irnos? ¿Te encontraste con alguien en el camino?

- No, nadie.

Muchas, muchas veces había ido allí; pero, según recomendaciones, no nos acercamos mucho al pozo porque sabíamos que podíamos caernos, papá se acercó y nos llamó.

- Vengan a verlo. Es curioso, es hermoso, no hay peligro, solo tengan cuidado.

Nos acercamos, mamá se acercó mucho a él, yo me quedé a un par de pasos de ella. Entonces, pasó de todo. Mi padre nos hirió y nos arrojó al pozo.

Le pregunté:

- ¿Por qué? ¿Por qué? No entendí, no pude entender; Pensando en él no me sentí enojado, me pareció que tenía razones para hacer lo que hizo. Ya ni siquiera le tenía miedo, no pensaba que lo que nos había hecho fuera malo y no sentía el más mínimo odio. Recordé que una vez, en el catecismo, me enojé con los hombres que mataron a Jesús, después de escuchar la historia de la crucifixión.

- Ah, si estuviera allí - exclamé -, ¡los mataría a todos sin piedad! - Cerré el puño, amenazando, y doña Mariana, la catequista, me respondió suavemente:

- Raúl, Jesús pasó por mucho sufrimiento, ingratitud y hasta traición; comprendió sus maldades, aceptó todo con mucho amor. Los perdonó y pidió al Padre que los perdonara, dejándonos un ejemplo a seguir. ¿Por qué no perdonamos también? No debemos enojarnos con nadie, sino comprender el mal que nos hacen.

Me sentí aun más mareado, fue extraño, el dolor disminuyó y un resfriado me invadió. Pensé en él recordaba detalladamente el rostro de mi padre, su expresión cuando me abrazó; me odiaba a mí mismo y no sabía por qué. Intentó matarnos, haciéndonos tanto daño, y yo lo perdoné, lo perdoné de corazón.

- Te perdono, papi – dije en oración -. ¡Te perdono y no te desearé ningún mal, no lo haré!

LA AYUDA

Los recuerdos se detuvieron; por unos momentos me sentí vacío.

- Vamos cariño, dame tu mano..

Me pareció la voz de mi abuela, la escuché de una manera extraña, sentí como si alguien me protegiera. Quería obedecer, luché y levanté la mano con más facilidad de lo que pensé que podría hacerlo. Giré la cabeza, sin esfuerzo, hacia arriba y la vi.

La abuela sonreía a mi lado, tomó una de mis manos que yo extendí y ella también me extendió la suya. Me sentí mareado, con la sensación que de pronto me había vuelto ligero y que me había levantado del suelo, del fondo del pozo.

Miré hacia abajo, me di cuenta que estaba de pie y acostado al mismo tiempo, me vi claramente, volteado, cubierto de sangre e inmóvil.

- No mires hacia abajo, ven a mis brazos.

Entonces vi que con mi abuela había otras dos personas que no conocía y tampoco podía verlas bien. Sentí como si me estuvieran soltando de algo y esta cosa parecía ser yo, mi cuerpo.

Miré con mucho amor a la abuela, era tan bueno tenerla conmigo en este momento en que ella sufría y necesitaba cariño y protección.

- ¡Abuela! ¿Eres realmente tú? - Dije con facilidad. Increíble, ya no siento dolor, ¿viniste a ayudarme? ¿No estás muerta?

- Nadie acaba en el mundo solo porque su cuerpo está muerto. Cuando amamos, siempre estamos juntos y te amo. ¿Tienes miedo?

- No señora, yo nunca te tendría miedo, abuela.

- Mi nieto, ven conmigo.

- No puedo caminar, hasta hace poco no podía ni moverme, el dolor se fue, pero...

- A partir de ahora ya no tendrás dolor, ven a mis brazos.

No tenía miedo, quería mucho a mi abuela, siempre la había echado mucho de menos. Sentí sus labios en mi frente en un beso suave, lleno de cariño, como siempre lo hacía cuando vivía con ella. Reconfortado, confiado, me quedé unos instantes disfrutando de la paz que ella me transmitía. Entonces me acordé de mi madre, que también necesitaba ayuda, miré hacia abajo y allí estaba mi madre de la misma manera, y yo también. Nosotros dos, inmóviles, callados, heridos.

- ¿Ahora soy dos, abuela? - Pregunté asustado.

- No, Raúl, tú eres uno, tú eres el que siente, el que me habla, el que está en mis brazos. La otra cosa que está quieta es solo tu cuerpo. No tengas miedo, nieto mío, una nueva vida comienza para ti. ¿No quieres estar conmigo?

- Sí, lo quiero, lo que más deseo es volver a vivir contigo.

- ¿Sabes que morí al mundo físico, material, vivo en otro lugar ahora?

- No importa, si muero, quiero estar contigo.

- Yo te llevaré, salgamos del pozo.

- ¿Y mamá? ¿Viene con nosotros? ¿Tú y tus amigos van a sacarla del pozo?

- Raúl, tu madre vendrá más tarde, no te preocupes por ella.

No me preocupé, siempre confié en la abuela, me sentí bien, me acomodé en sus amorosos brazos y un dulce sueño me invadió; Todavía intenté abrir los ojos, no pude, me quedé dormido.

Me desperté de buen humor, me estiré, sintiéndome muy bien, luego miré a mi alrededor buscando a Negrita. Pensé que me despertaba en mi habitación, pero era una habitación grande con varias camas, un lugar luminoso y agradable. Respiré hondo, me sentí ligero y dispuesto. Miré alrededor de la habitación, no conocía ese lugar, me miré a mí mismo, no estaba usando mi ropa sino una ropa, limpia y perfumada. Me sentí como siempre, sin ninguna lesión. Recordé el pozo, los acontecimientos, mi madre, sentí miedo. Quise gritar, pero no lo hice, me acurruqué en la cama cubriéndome completamente con la sábana. Terminé pudiendo decir:

- ¡Dios, ayúdame! ¿Es un sueño? ¿Lo soñé?

- ¿Cómo está mi hombrecito? ¿Dormiste bien?

Destapé un poco la sábana, por más que pude ver a la dueña de la voz, la miré con curiosidad. Era una joven muy bonita, risueña y feliz. Me sentí más tranquilo, ella me parecía buena. Me sonrió y se sentó en mi cama.

- No tengas miedo, soy tu amiga. ¿Como te sientes?

- ¿Yo? Bueno, no lo sé. ¿Podrías decirme si sueño?

- Claro que no, mira, te voy a pellizcar.

Apretó mi mejilla derecha, se rio a carcajadas y terminé descubriéndome, solté más mi cuerpo y sonreí también.

- ¡Raúl, querido! - Escuché llegar la voz de la abuela.

- ¡Abuela, abuela!

Nos abrazamos, nos besamos.

- Raúl, nieto mío, ahora siempre estaremos juntos.

El miedo pasó, me senté en la cama, rodeé su cuerpo con mis brazos como si la tuviera cerca de mí para siempre.

La chica, mi nueva amiga, se despidió con la mano y se fue, dejándonos solos.

- ¿Estamos en el cielo, abuela? ¿Vives aquí? ¿Qué pasa con los amigos? ¿Conoces al ángel Gabriel? ¡Me gustaría verlo, creo que es tan hermoso!

La abuela sonrió.

- Todo lo irás sabiendo poco a poco, nieto mío. El cielo como crees no existe, aquí tienes una de las moradas espirituales, hermosa y acogedora. Los ángeles son buenos espíritus que trabajan para ayudar a todos. Pero, ¿cómo te sientes?

Salté de la cama, me sentí muy feliz con la presencia de la abuela. No sentí miedo ni temor, la nueva forma de vida me estaba encantando, más aun sabiendo que ahora me quedaría con la abuela Margarita. Pero me acordé de mamá, si estaba viva en su cuerpo, debía estar herida, o, si estaba muerta, debía estar ahí también.

- ¿Abuela y mamá? ¿No está aquí?

- Aquí, Raúl, está el hogar de los muertos de la materia.

- ¿Realmente morí? No puedo creerlo. Tuve la impresión que la muerte era complicada.

- La muerte del cuerpo es un fenómeno simple que nos sucede a todos. Sí, tu cuerpo murió.

- ¿Mami no murió? Ella resultó más herida y cayó primero. ¿Todavía está ahí? ¿Está sola? - La abuela estuvo triste por un momento y luego volvió a sonreír.

- Nadie está solo, estaré con mi hija siempre que sea posible, no te preocupes, por favor.

Dios es demasiado bueno, Manuela estará bien.

- ¿La encontraron? Debe ser de noche, está oscuro.

- Por supuesto que la encontraron, no deberías preocuparte por eso ahora. Lo importante es que estés bien.

- ¿Y el abuelo? ¡Dijiste que cuando muriera querías estar con él!

- No es exactamente lo que pensé que sería. No todos nos quedamos en el mismo lugar. Hay mucha justicia y algunos, como tu abuelo, necesitan quedarse en otros lugares para comprender y lamentar los errores que cometieron.

Recordé que el abuelo, en las conversaciones que había escuchado, se había mostrado mandón y malgeniado:

- ¿Está en el infierno? - Pregunté con recelo.

- No, Raúl, el infierno eterno no existe, pero hay lugares feos y tristes donde los imprudentes permanecen, por determinados periodos, hasta que se arrepienten. Lo entenderás poco a poco.

- Abuela - le hice un gesto para que se acercara y le dije en voz baja:

- ¿Sabes quién nos arrojó al pozo?

Era mi padre, era él.

- Olvidémonos de eso también, por ahora.

- No estoy enojado con él, ya lo perdoné, como enseñó Jesús en el Padre Nuestro.

- Raúl, estoy orgulloso de ti, actúas de la manera correcta: quien perdona se limpia y se vuelve luz; por eso pudiste venir aquí y estar conmigo.

Cambiamos de tema, empezamos a hablar del tiempo que vivimos juntos, datos interesantes. Me sentí tan feliz con ella que ya no pensé en los tristes acontecimientos.

La abuela me acomodó en la cama, oró conmigo y me agradeció por estar juntos. Me besó, sentí sueño, dormí tranquilo.

Debí dormir mucho, porque me desperté cuando la abuela me llamó:

- ¡Raúl!

Me desperté, salté a sus brazos y la besé.

- Está muy bien, muchacho. Te llevaré a mi casa.

- ¿No vives aquí, abuela?

- Este es un hospital, donde estuviste unos días recuperándote. La vida continúa y no se trata solo de dormir. Conocerás a mis amigos que viven conmigo. Ven, te mostraré la Colonia.

La abuela me ayudó, pero sentí que mamá lloraba por mí. Extraño, la sentía llamándome. Le dije a mi abuela:

- Abuela, siento a mamá, ¡percibo que llora y me llama!

- Manuela sabe que moriste, está triste y llora, pero eso pasa. Cuando sientas esto, ora y distráete. No debes preocuparte por ella, las madres siempre lloran por sus hijos.

- ¡Qué tontería, abuela! Si mamá pudiera verme no lloraría por mí.

No dije nada más, pero pensé: "Encontraron a mamá y ella sabe por qué morí. Papá debe estar arrepentido y todo estará bien, recuerdo que sufrimos y lloramos cuando murió la abuela y ahora la veo viva en espíritu y estoy con ella."

- Raúl – dijo la abuela -, no debes decir que moriste, usa el término correcto, desencarnaste; es decir, estás vivo, sin el cuerpo carnal. Nadie termina, Raúl, siempre estamos vivos, en el cuerpo decimos que estamos encarnados o reencarnados; sin el cuerpo de carne, estamos desencarnados.

- ¡Que interesante!

Salí de la habitación y vi que el hospital era grande, limpio y agradable, rodeado por un gran jardín con árboles y muchas flores. ¡De la mano de la abuela, lo miraba todo, encantado! Pasamos por una puerta y llegamos a una calle limpia y arbolada.

Todo es tan bonito abuela, parece más una ciudad, calles, casas, ¡ay! La abuela sonrió.

- Es una ciudad, Raúl, pero a nivel espiritual; ¡la vida continua!

- ¿Por qué, abuela, los encarnados – sonreí al decir el término aprendido – no lo saben?

- Mucha gente lo sabe, Raúl; otros prefieren complicar algo tan sencillo y perfecto.

- ¡Qué bueno es morir, o sea, desencarnar! - Nos reímos.

Llegamos frente a una casa rodeada por un pequeño jardín lleno de flores.

- Esta es mi casa y la tuya también a partir de ahora; ven, entremos.

La casa estaba limpia, agradable; las amigas de la abuela, cuatro señoras simpáticas y amables, me recibieron alegremente y pronto me sentí a gusto.

- Esta es tu habitación, te quedarás conmigo.

En poco tiempo aprendí todo y me hice amigo de los compañeros de la abuela. Se despidieron de mí diciendo que se iban a trabajar, me pareció extraño y corrí a preguntar.

- Abuela, abuela, ¿fueron a trabajar? ¿No descansas aquí por la eternidad? ¿Las veo felices y van a trabajar?

- Raúl, ¿la gente dinámica sería feliz sin hacer nada? El trabajo es la palanca del progreso espiritual. Hay mucho que hacer aquí. ¿No te cansarás de estar ocioso? ¿No quieres saber cómo es aquí? Puedes aprender, estudiar. ¿No te ayudaron? Te ayudamos a desencarnar, te atendieron en el hospital, eso es trabajo, eso es lo que hacemos aquí. El cielo que muchos imaginan en la Tierra no es el de la realidad, no estamos ociosos por la eternidad. Desencarnar es como cambiar, cambia la forma de vivir. Somos eternos, la vida continúa y no podemos crecer sin estudio y trabajo.

- Dijiste que no todos los que mueren vienen aquí; ¿a dónde pueden ir?

- Muchos lugares hermosos y agradables como este; feos y tristes, para los malos.

- Abuela, si papá se muere, ¿irá a un lugar feo?

- No lo sé, Raúl, si no se arrepiente, lo hará. Pero no deberías preocuparte por eso ahora.

- Abuela, si voy a vivir aquí quiero saber, aprender, no me gusta estar ocioso.

- ¡Qué feliz me da verte dispuesto! Mañana te llevaré a una escuela donde aprenderás lo que necesitas saber de otros jóvenes.

- ¡¿Escuela?!

- No es solo porque desencarnaste que te volverás sabio y lo sabrás todo. Para saber es necesario aprender y estudiar. Los agrupan en las escuelas, en las aulas. Quién sabe, enseña a quien quiere aprender. El colegio al que acudirás es para niños y jóvenes, así como para adultos, es grande y espacioso. Harás muchos amigos, jóvenes como tú; pasarás todo el día allí y solo vendrás a buscarme por la noche.

- ¿No vamos a estar juntos todo el tiempo?

- Raúl, estaremos juntos, pero no todo el tiempo. Tú estudiarás y yo tengo mis tareas, mi trabajo. No puedo ir a la escuela contigo ni tú puedes ir a trabajar conmigo. Cada uno de nosotros tiene una ocupación y no podemos estar juntos todo el tiempo. Esto también sucede con los encarnados; la vida continua.

Esperaba con ansias el día siguiente y fui temprano a ver la escuela con la abuela. Caminamos por las avenidas, donde la gente nos saludaba alegremente. Vi a un hombre de la mano de un niño que, como yo, miraba todo encantado. Me pareció su padre y me acordé del mío.

- Abuela, es mejor no contarle a nadie el motivo de mi muerte. No quiero que arresten a mi padre y luego me avergüencen.

- Raúl, los acontecimientos aquí no son los mismos que los de la Tierra. No podemos ocultar los hechos y no hay de qué avergonzarse, eso lo comprobarás con el paso del tiempo. No creo que nadie te cuestione y no tienes que decirlo si no quieres. En cuanto a ser detenido, te encuentras entre los desencarnados que no practican detenciones.

- Abuela, siento que mi padre tenía razones para hacer lo que hizo, pero simplemente no lo entiendo, me esforcé mucho en agradarle. A veces sentí que él también, pero simplemente no podía. ¿A qué se debe su odio, abuela? ¿Sabes? Si hay razones, me gustaría conocerlas.

- Raúl, el progreso requiere cambios, transformaciones, nuestra forma de vivir no es eterna, como nosotros. Siempre estamos cambiando, a veces vivimos vestidos del cuerpo carnal, encarnados, a veces estamos aquí, en el plano espiritual, desencarnados. A menudo vivimos en la Tierra, renovando nuestros cuerpos.

- ¡Que bueno! ¿He sido otras personas?

- No, querido, siempre eres el mismo; sí, has tenido otros cuerpos, en consecuencia, otros nombres, has vivido en muchos lugares, has tenido aciertos y errores, aprendiendo y creciendo espiritualmente.

- Errores. Abuela, ya está, siento que cometí un gran error y mi muerte, o sea mi desencarnación violenta, fue por mis errores del pasado.

- Nosotros sufrimos, Raúl, lo que hicimos sufrir a otros.

- Parece que lo sé, dices y creo que lo recuerdo. Es extraño, siento que realmente tuve otras existencias, y junto a mi padre. ¿Es posible?

- Sí, Raúl, es posible. Los lazos de amistad o de odio son fuertes. Y la Justicia Divina siempre reúne en las encarnaciones a quienes se odian para poner fin a este sentimiento de inferioridad.

- Por mi parte, se acabó; me gusta mi padre, amo a mi madre. Si mi padre nos odia, pobrecito...

- Sí, es verdad, quien odia es digno de lástima.

Llegamos al Educandário, así se llamaba la escuela de jóvenes y niños. El edificio, muy grande, estaba rodeado de jardines de flores y parques con juguetes esparcidos por todos lados.

- ¡Qué tan grande es! ¡Qué maravilla! - Exclamé asombrado.

- Este lugar, Raúl, es un lugar de estudio y también un hogar para quienes no tienen familiares aquí. Del lado derecho están las clases juveniles y del otro lado, las clases infantiles. Hay muchos profesores y todos viven felices.

Después de cruzar la puerta, entramos a la recepción, donde fuimos recibidos por una amable señora, que abrazó a la abuela y luego a mí.

- ¿Estás aquí para acompañar a tu nieto, Margarita? Que joven tan apuesto! ¿Cómo estás?

- Bien, gracias – dije un poco avergonzado.

- Te gustará aquí Raúl, hoy verás toda la escuela, te llevaré a la clase a la que asistirás.

La escuela, o mejor dicho el Educandário, muy limpio, pintado y lleno de plantas con flores, me encantó. La señora que nos recibió le dio algunas explicaciones a la abuela.

- Margarita, Raúl estudiará en una clase especial. Hay veinte niños de la misma edad que tuvieron una muerte inusual. Son espíritus inteligentes con conocimientos previos. Durante este período solo habrá un profesor, el profesor Eugênio, dedicado y amigo, un profesor que le gustará mucho a tu nieto. Esta es la Dirección, ven a conocerla.

Hay mucha gente que trabaja aquí por el bien de todos nuestros jóvenes y niños.

Miré todo asombrado, nunca había visto lugares tan hermosos y tan grandes. Nuestro orador continuó:

- Aquí están las casas, masculina y femenina, el patio, el ala de los niños, que están divididas por edades, ahí está la guardería.

Vi niños de todos los ámbitos de la vida y muchos jugaban felices en los parques.

- Tendrás tiempo, Raúl, de saberlo todo. Vamos, en esta parte están las aulas; aquí está la tuya.

- Debo irme ya, Raúl – dijo la abuela, besándome en la frente.

Nuestro conductor llamó a la puerta y un hombre agradable y sonriente me abrió y me dio un abrazo.

- ¿Eres Raúl? Te estábamos esperando, ven a conocer a tus compañeros.

Me despedí de la señora que me acompañaba. Me sentí avergonzado, pero el maestro no me dejó sentir miedo, me tomó de la mano y me miró agradablemente. Miré alrededor de la clase, grande, cómoda, limpia y hermosa. Mis nuevos compañeros eran solo chicos de once a catorce años, me miraban sonriendo, dándome la bienvenida.

- Este es Raúl, recién llegado de su hogar terrenal – dijo el maestro - Este es... - dijo el nombre de todos, uno por uno.

- No te preocupes Raúl, pronto sabrás el nombre de todos. Soy tu único maestro, estudiarás gramática, matemáticas, materias de conocimientos generales, así como moral cristiana y Evangelio. Siéntate aquí; Luego, si quieres, cámbiate y siéntate donde creas mejor, pero no molestes a nadie. Sigamos nuestra clase.

Mi corazón latía con fuerza, observaba todo, curioso y asombrado. Los chicos, interesados, prestaron atención, sentí que eran amigos y me agradaba mi nuevo maestro.

- Estamos hablando, Raúl, de la inmensa bondad y sabiduría de Dios, nuestro Padre, que siempre nos da oportunidades en cada reencarnación para mejorar y progresar.

No todos los encarnados creen en la reencarnación. Hay muchas formas de creencia. Porque para los ateos, que no creen en nada, el mundo surgió por casualidad, al igual que nosotros también. No saben explicar cómo todo surgió, tienen muchas teorías, no creen en Dios, sino en la casualidad. Y, dentro de esta casualidad, hay formas complicadas, llegando a un punto en que no tienen más explicaciones. Para otros creyentes, la mayoría, Dios creó todo y a nosotros también, pero creen que somos creados en la concepción, junto con el cuerpo, teniendo una sola existencia. Hacen de Dios un verdugo, porque las diferencias se dejan al azar: suerte o mala suerte. Unos son perfectos, ricos, inteligentes; otros., defectuosos, débiles. Tenemos las oportunidades de renacer en el cuerpo muchas veces. El Padre nos creó iguales, somos nosotros los que hacemos las diferencias. Nos creó libres, tenemos libre albedrío para sembrar y, necesariamente, hay que cosechar lo sembrado. Así, las diferencias se explican por las reencarnaciones y por la Ley de Causa y Efecto.

- Profesor Eugênio - dijo uno de mis colegas -, ¿la desencarnación prematura; es decir, la muerte del cuerpo, cuando es joven, es una cosecha?

- Mário, no siempre, no existe una regla general en la espiritualidad sobre este tema. La reencarnación es necesaria para nuestro crecimiento espiritual, revestirnos de un cuerpo carnal no es fácil. Para algunos espíritus es necesario pasar un corto tiempo encarnados para alcanzar las esferas superiores. Podemos comparar la Tierra con una prisión y la sentencia de cada uno es diferente; algunos tienen algo de tiempo; otros, mucho tiempo. Cuando termina, parten hacia su liberación. Para otros, la desencarnación en un cuerpo joven es aprendizaje, cosecha.

- Para mí fue una cosecha - dijo Mário -. ¡El juego me pareció interesante!

El profesor respondió a las preguntas con paciencia y dedicación. Pensé: "Me va a gustar más esta escuela que la otra a la que asistía como encarnado."

El maestro continuó:

- Para la mayoría de la gente es aprendizaje, Mário. Aquí están reunidos ustedes que dejaron cuerpos de carne siendo jóvenes, pero que son espíritus adultos y de muchas existencias, con errores y aciertos, tanto que cada uno tiene historias interesantes y una encarnación de cosechas de otras existencias.

Lo miré un poco receloso y pensé: "¡Espero que no sepan que mi padre mató mi cuerpo!"

El maestro; sin embargo, no pareció darse cuenta de mi preocupación y continuó la clase hablando de la belleza de la reencarnación, de las oportunidades que tiene cada uno de enmendar sus errores y aprender a amar a todos como una gran familia. Cuando terminó la clase, los chicos estaban hablando y, para mi alivio, nadie me preguntó cómo fallecí.

- Oye Raúl, ¿conoces la biblioteca? ¿No? Ven con nosotros, podrás conseguir los libros que quieras, estamos todos adquiriendo el hábito de la lectura. Hay una gran cantidad de libros aquí.

La biblioteca está en el ala del salón de clases, es grande, espaciosa, con muchos estantes, todos llenos de libros.

- ¿Ya leíste éste? - Preguntó Tiago -. Léelo, te gustará. Es la historia de Jesús para los jóvenes. ¡Es bonito!

A lo largo del pasillo vi que en otras salas había profesores diferentes y Tiago me explicó:

- Aquí nos guiamos según nuestras necesidades. Las aulas están agrupadas según las necesidades básicas de cada persona.

En el patio nos despedimos, la mayoría se dirigió al alojamiento y otros se dirigieron al portón. La abuela me estaba esperando.

- Entonces, Raúl, ¿te gustó?

- Mucho abuela, me gustó mucho.

- Solo vine a recogerte hoy. Tengo mucho que hacer, eres inteligente, mañana vendrás solo.

- Ya iré, sí abuela, no quiero molestarte, ¡estoy muy bien!

Tomados de la mano, me sentí feliz, y estar desencarnado para mí fue maravilloso, ahora quería aprender y saber.

APRENDIENDO

Empecé a quedarme en la escuela todo el día, asistiendo a clases con mucho interés, aprendiendo gramática, matemáticas y otras materias, además de aquellas que nos daban explicaciones del plano espiritual. Íbamos mucho a la biblioteca y mi interés por los libros creció, comencé a leerlos con mucho gusto. Hablábamos en el patio y yo iba a los parques a jugar con otros niños. Y casi todos extrañaban sus antiguos hogares y a sus familias. El tiempo libre era agradable y siempre me sentía feliz. Amábamos al profesor Eugênio, que tenía una respuesta delicada y sabia para todo y para todos. Aprendí fácilmente, como si recordara; una de las partes que más me gustó fue cuando uno de mis compañeros contaba hechos o incluso la historia de su vida. Y, poco a poco, me di cuenta que no tenía nada de qué avergonzarme ni ocultar de mi desencarnación.

Cada uno de nosotros en esa clase teníamos una historia inusual, consecuencias de errores de otras experiencias.

Ese día escuchamos a Marcílio, quien dijo conmovido:

- Me asesinaron. Les contaré la historia de mi vida. Mi padre falleció, dejándonos a mi hermana pequeña y a mí muy pequeños. Poco después, mi madre se volvió a casar. Mi padrastro nunca nos aceptó, mi hermana y yo pasamos momentos difíciles, pero vivimos. Nacieron cuatro hermanos más. Vivíamos en una finca, yo tenía once años, y en ese momento había un potro salvaje que nadie podía montar. Ese día estaba solo con mi padrastro en el corral, lo vi atar al potro y retarme:

- Súbete a ese caballo, muchacho.

- ¡Yo no, él está enojado!

- ¿Tienes miedo? Eres un cobarde como tu padre.

Me enojé, pero no respondí, entonces me levantó y me tiró encima del potro, que saltó como loco. Aun lo oía reír, me asusté, traté de agarrarme, no pude. Entonces me caí, sentí como si el pollino me pisara, no vi ni sentí nada más, desperté y supe que había fallecido, aquí me sentí feliz, el tiempo pasó y todo parecía normal.

Pero mi hermana pequeña, un año menor que yo, pasando por dificultades, empezó a pedirme ayuda, llamándome para que la ayudara. Como esto es normal por aquí, siempre estamos escuchando de los chicos los comentarios que sienten, sus padres llamándolos nostálgicos o no aceptando su desencarnación.

- Es verdad, Marcílio – intervino el profesor Eugênio –. Tantos, porque no entienden lo que es la muerte del cuerpo, se desesperan ante la muerte de un hijo, nieto, lloran y llaman, dejándolos aquí inquietos y tristes.

- ¿Qué debemos hacer ante estos problemas, profesor? - preguntó Lucio.

- Reza, Lúcio, reza por ellos, distráete e incluso pide ayuda a profesores y asesores, da pases y trata de equilibrarte en los momentos difíciles. El tiempo ayuda y los seres queridos acaban teniendo que afrontar los problemas de la vida, y la desesperación de los primeros días pasa.

- Pero - prosiguió Marcílio -, ese no fue mi caso. Solo mi madre y mi hermana sintieron mi muerte, pero pronto lo olvidaron. Todos creyeron la historia que contó mi padrastro, que yo dije que iba a montar el pollino y que iba a terminar encima de él, que me regañó prohibiéndolo, y que yo insistí diciendo que iba a ser un jinete famoso. Cuando me dejó en el corral, al escuchar gritos, regresó rápidamente y me encontró en el suelo, ya muerto. Pero mi hermana me llamó angustiada, me preocupé y le dije a el maestro;

Él amablemente me propuso ayudarme y fuimos a visitar mi antigua casa y averiguar qué le pasaba a mi hermana. Todo me parecía igual, mi madre tenía mucho trabajo, preocupada por sus hijos pequeños, y por mi padrastro, como siempre. Lo miré y sentí pena, si mi desencarnación fue una cosecha, él plantó y su cosecha llegaría. Lenita estaba nerviosa y asustada, el profesor la escuchó y supimos que tenía miedo de mi padrastro, que ya había intentado violarla y la quería como amante. Lloré cuando escuché esto, pero el profesor Eugênio me recordó que el momento requería confianza y que debía estar tranquilo para ayudarla. No sabía qué hacer, oré con fe, le pedí a Jesús que protegiera a Lenita. Pero, si él no sabía cómo ayudarla, el profesor sí. Al ver que mi padrastro tenía una úlcera de estómago, puso unas gotas de un medicamento que había traído en el agua que bebía, lo que le provocó dolor. Debido al dolor, tuvo que quedarse en cama y no tenía ganas de hacer lo que había planeado.

- Vámonos ahora, Marcílio - dijo el maestro -, a ver quién puede ayudar a Lenita.

Visitamos a mis pocos parientes, incluida una tía, hermana de mi padre, que había enviudado recientemente y vivía sola. El profesor Eugênio, pacientemente, le hizo recordar a Lenita por su compañía. A mi tía le gustó el recuerdo y pensó que era Dios quien la ayudó. Al otro día fue a casa de mi madre. Entonces mi madre le pidió a Lenita que viviera con ella; Mi madre dudó, el maestro intervino y me dejó. El profesor me ayudó a solucionar el problema de Lenita, que está contenta con mi tía y ya no me llama. Hoy les cuento todo para agradecer al maestro por la ayuda que nos brindó a mí y a mi hermana.

El profesor sonrió y empezó otra clase. Me pareció fantástico que Marcílio hubiera regresado a su casa y ayudado a su hermana, y por primera vez me dio ganas de volver a ver mi casa, extrañaba a Negrita, Taís, Telma, a mis amigos y extrañaba muchísimo a mi madre.

Me fui a casa pensando en ella. ¿Cómo estaría? Cuando la abuela me vio, inmediatamente dijo:

- ¿Qué te preocupa, Raúl?

- Mi madre, estoy pensando en ella. ¿Cómo estará? La caída fue fuerte y resultó herida con el cuchillo. ¿Estará bien? Es difícil pensar que esté encarnada. Siento, abuela, que me llama, parece llorar y me dice: "Raúl, Raúl, ¿dónde estás?" Hago lo que me recomienda el maestro, oro por ella, trato de distraerme, creo que está sufriendo., abuela Por favor, si sabes, cuéntame cómo está.

- Raúl, en estos pocos meses aquí, ya has aprendido mucho. Tomas conciencia de tu vida espiritual, desencarnaste con el cuerpo de un niño, casi un adolescente. Sin embargo, tu espíritu es adulto y aceptó bien tu desencarnación. Tú, Raúl, fuiste un privilegiado, viste tu desencarnación, eso es raro, lo viste, lo sentiste, porque no tuviste miedo, porque estabas tranquilo, sin ira, sin fluidos negativos. Tantas personas conocedoras quieren ver su desencarnación y no pueden hacerlo, se ven perturbadas por pequeñas cosas, acontecimientos, con algunos errores, apegados a la materia. Hasta que se liberan de estos sentimientos, pasan por la desencarnación casi siempre durmiendo y no la ven. Te viste desconectado, tu desencarnación, aceptaste, te adaptaste fácilmente y estás feliz. Esto no le pasa a todos, no le pasó a tu madre. Mi hija Manuela falleció antes que tú.

- ¿Desencarnó? ¿Por qué no la vi? ¿No la veo? ¿No está aquí?

- La desencarnación puede ocurrir de muchas maneras. No es igual para todos. Todo es muy justo, tenemos que recibir lo que merecemos.

Pocos encarnados piensan en la muerte del cuerpo, viven tranquilos y cometen errores. Sin embargo, la religión nos enseña el bien. Todas las religiones, Raúl, predican la necesidad de ser buenos, para evitar las malas acciones, y sobre todo para perdonar, perdonar siempre. Las religiones cristianas nos dan grandes ejemplos en los Evangelios, en la vida de Jesús, que perdonó en la cruz a quienes le deseaban daño. Estas maravillosas enseñanzas están muy olvidadas y los soberbios se ofenden mucho por las malas acciones que reciben, y no perdonan. El rencor, el odio, son pesos que los sostienen en la Tierra; si no perdonan, no pueden venir aquí. Manuela no perdonó. Cuando cayó, su cuerpo murió, su espíritu permaneció junto a su cuerpo, no como te pasó a ti. Su cuerpo permaneció vivo durante horas, cuando despertaste del desmayo, tomaste conciencia de todo. Manuela, no; durmió para despertarse más tarde.

- Te pregunté si nos habían encontrado y dijiste que sí. ¿Cómo fue?

- Cuando desaparecieron hubo búsquedas, dos días después fueron encontrados y enterrados. Manuela, cuando despertó, pensó que estaba herida. Ella vio tu cuerpo y comprendió que habías muerto, pero no fue así. Cuando los sacaron del pozo pudimos sacarla a ella de su cuerpo. Ella estaba confundida. Para ella está encarnada y llora por ti que moriste. No te mentí, dormiste durante días en el hospital. Cuando le respondí, ya te habían sacado del pozo. Pensaste que Manuela estaba encarnada, te dejé pensar así para no preocuparte y para que te adaptes bien aquí.

No podía hablar más, me sentí triste y lloré. La abuela me abrazó consolándome, me di cuenta que ella también sufría y estaba preocupada por mamá, que era su hija y a quien quería mucho. Me esforcé mucho, dejé de llorar, besé a la abuela.

- Abuela, estaba tan feliz. Ahora ¿cómo puedo continuar sabiendo que mamá sufre, no podré ser feliz.

- Raúl, estar aquí es una gracia que siempre debemos agradecer. Estar aquí no es un privilegio, es un mérito. Si no hubieras perdonado a tu padre, si no hubieras sido bueno, no estarías aquí. La Ley del Universo es que los semejantes se atraen, somos llevados tras la muerte del cuerpo a donde merecemos. Manuela conoce la ley del perdón, conoce el Evangelio, la vida del

Maestro Jesús; sin embargo, no sigue sus enseñanzas, se niega a seguir los buenos ejemplos. Ella no pudo ser ayudada, no aceptó la ayuda, no quiere perdonar y no pude traerla. Todos los que estamos aquí, Raúl, tenemos seres queridos que nos preocupan, la vida sigue. Aquí estudiamos, trabajamos, seguimos educándonos, pero no perdemos nuestra individualidad, la conciencia de nuestra última encarnación. Nunca dejamos de amar y preocuparnos por nuestros seres queridos. Tu preocupación es normal, amas a tu madre; sin embargo, no debes estar triste, porque la tristeza no soluciona nada. Anímate con cariño, ora por ella, envíale pensamientos de optimismo y podremos ayudarla. Siempre que puedo acudir a ella, tratando de hacerla entender e intuirla a perdonar.

- ¿Cómo está ella, abuela? ¿Su apariencia? Desencarné, dejé mi cuerpo herido y me volví saludable.
¿Ella está así ella?

- Manuela es como ella desencarnada. Siente dolor en sus heridas, está sucia y tiene una herida en la espalda producto del sangrado del cuchillo. Su periespíritu fue herido por la carne por no haber perdonado, por no querer ser humilde. Ella deambula repitiendo una y otra vez que quiere venganza, que odia a su marido por matarla y por haberte matado a ti. Ni siquiera quiere pensar en perdonar. Para perdonar tenemos que ser humildes; orgullosa, cree que se sintió muy ofendida. Ella queda herida por el reflejo de la muerte de su cuerpo, que era muy fuerte. Esto es común, muchas personas mueren así, o por sus muchos defectos, sufren durante años y años, siendo ayudados solo cuando claman ayuda y reconocen sus errores. En este sufrimiento piden la muerte, sin saber que ya tienen esta gracia. Una vez rescatados, necesitan someterse a un tratamiento para reconstruir su periespíritu en los centros de socorro, en los hospitales de aquí.

- Abuela, cuando vas con mamá, ¿ella te ve?

- No, Raúl, Manuela no me ve, está obsesionada con la idea de venganza, no ve nada más. Su vibración es baja e inferior por el odio que siente; creyéndoos encarnados y sabiendo que yo he desencarnado, tendría miedo de verme. Raúl, para ser felices nos basta tan poco y, como depende de nosotros, a veces basta con perdonar sinceramente y pedir perdón.

- Abuela, fuiste a ayudarnos. ¿Sabías de antemano o sabías cuándo caímos? ¿Sabemos qué va a pasar aquí?

- No nos consideramos por adivinos, Raúl. Del futuro solo podemos entender los resultados; al ver las acciones, conocemos las reacciones. No sabemos qué pasará, pero conocemos las intenciones. Sabía por los pensamientos de su padre lo que planeaba; pasó días pensando en cómo hacerlo. Intenté, por todas las formas posibles a mi alcance, cambiar sus pensamientos. Tenemos nuestro libre albedrío y no podemos interferir con la libertad de los demás. En el camino traté de ayudarte, haciendo que otras personas te vieran, fueran contigo; no podía, solo lo sospechabas, pero inocente como eras, no entendías las actitudes de tu padre.
Seguí tu agonía y, gracias a Dios, pude sacarte del cuerpo tan pronto como moriste.

- Fuiste valiente, abuela. Antes decías que querías desencarnar para tener tranquilidad, para no enterarte de los múltiples problemas de tus hijos y nietos. Y aquí te preocupas por todos nosotros, lo sabes todo, problemas y dificultades, ves al abuelo sufriendo, a mamá en este estado y siempre estás feliz y sonriendo. ¡Te admiro!

- Raúl, aquí aprendí a confiar, tengo la seguridad que ningún estado es eterno; a veces estamos aquí desencarnados, a veces cubiertos de carne, encarnados. Las oportunidades de mejorar son para todos. Sé que llegará un día en que mi esposo se arrepentirá de sus errores, que mi hija perdonará y que los volveré a tener conmigo. Recuerda, Raúl, que la tristeza no ayuda, solo estorba; debemos ser alegres, la alegría es un estado, es una forma de ser que debemos conquistar.

La abuela guardó silencio. Aun necesitando descansar, me despedí de ella abrazándola afectuosamente. Fui a mi habitación y oré, oré mucho por nosotros y dormí. La oración sincera nos da la tranquilidad necesaria.

ESCUCHAR A LOS AMIGOS

Fui a la escuela pensando en la conversación que había tenido con la abuela el día anterior. ¿No puedo ayudarla? ¿No hay alguna manera de ayudar a mamá?

El profesor Eugênio inició la clase. Intenté olvidar mis preocupaciones y prestar atención a sus explicaciones, pero no pude, solo pensaba en mi madre sufriendo, caminando de un lado a otro, dolida y llorando por mí.

Pronto, el profesor Eugênio preguntó:

- ¿Qué te pasa, muchacho? ¿Qué te preocupa tanto que estás tan distraído y pensativo? ¿Podemos ayudarte?

- No – respondí de inmediato.

Miré a mis compañeros, ellos me observaban con cariño, nadie tenía curiosidad, vi comprensión en sus caras. Recordé que estábamos reunidos en ese aula, considerada especial en Educación, porque teníamos problemas inusuales. Durante el tiempo que asistí a la escuela solo recibí amistad, cariño, nadie preguntó sobre mi vida, cómo fallecí. Confié en ellos, respeté la sabiduría y la sencillez del profesor Eugênio, todos lo quisieron mucho. En ese momento sentí ganas de hablar, pero estaba indeciso. El profesor esperó pacientemente mi respuesta; Al verme tan inseguro, continuó:

- Si no quieres decir lo que te preocupa, no hace falta; no quiero ser indiscreto. Aquí estoy para ayudarte, soy amigo de todos ustedes, de ti, Raúl, y los amigos estamos para ayudar cuando lo necesitemos. Todos pasamos por diversas experiencias, dificultades que, compartidas, se sustentan mejor o, si se aclaran las incertidumbres, la solución se vuelve más fácil, y aquí estoy yo para aclararlas.

Me dedicó una sonrisa tan llena de cariño que me levanté de mi mesa, corrí a sus brazos, emocionado, dejé que las lágrimas mojaran mi rostro. Mis compañeros me dieron fuerza con sus miradas; Soltando los brazos del maestro, dije:

- Mi vida encarnada era diferente, eso pensaba hasta que escuché sus historias.

Confieso que tenía miedo que supieran cómo fallecí. Ahora quiero narrar mi vida.

Hablé, conté toda mi vida, nadie se atrevía a hacer ningún comentario, todos guardaban silencio y prestaban atención. Al hablar de mi desencarnación me sentí un poco ahogado, incluso entre amigos no era fácil decir que fue mi propio padre quien había matado mi cuerpo físico. Cuando terminé me sentí mucho mejor, me tomé un descanso.

El profesor Eugênio me miró animándome a continuar. Sabía que no era mi desencarnación el motivo de mi preocupación.

- Continúa, Raúl – dijo cariñosamente, y sentí que todos me entendían y estaban dispuestos a ayudar.

- Mamá no perdonó, odia a mi padre, quiere venganza. Me ayudaron, ella no está en condiciones, vibra de odio y rencor. Amo a mamá, amo a todos, ella sufre y me preocupo por ella. La abuela está tratando de ayudarla, ojalá pudiera hacer algo por ella. Sé con certeza que si pudiera hablar con mamá, ella me escucharía. Ella me ama mucho, sufre porque morí y no sabe que fallecí. Si ella me viera, le haría entender, le pediría perdón; ella, perdonaría, podría ser traída aquí. Me siento triste por eso. No en mi vida; me gusta aquí y para mí todo está bien. Mi padre nos mató, pero siento que debe tener sus razones, quizás ninguna que esté justificada, pero lo amo mucho y no me preocupa, lo perdoné de corazón. Mamá es diferente, siempre fue buena, trabajadora, religiosa. Desencarnó y sufre así, ¡¿por qué no puede perdonar?! La abuela me dijo que ella está como estaba, sucia, magullada, ensangrentada, hablando de venganza, con odio. Amigos míos, profesor, quería ayudarla, tenía tantas ganas, siento que puedo hacerlo; desencarnamos juntos de la misma manera, sufriendo dolores similares, tendré argumentos para convencerla...

Terminé mi narración y fui a sentarme en mi asiento. El profesor Eugênio mantuvo la calma, conocía detalles de cada una de nuestras vidas; siendo discreto, esperó a que se lo dijéramos nosotros mismos, y supo ayudarnos. Pero, sabiamente, nos enseñó la lección más hermosa: la de ayudarnos unos a otros.

- Te entiendo, Raúl; te ayudaremos. ¿Quién de ustedes quiere decirle algo al amigo que nos confía sus problemas?

Tres de mis compañeros levantaron la mano.

- Muy bien, escuchémoslos, presentémonos uno a la vez y prestemos atención.

- Raúl - dijo Mário -, fue triste lo que te pasó. Los episodios tristes solo deben recordarse para que sirvan de aliento y nos mantengan firmes en la puerta estrecha del bien. Porque ahora entendemos que el dolor es una reacción a las malas acciones. Lo que debería importarte es tu futuro, lo que pretendes hacer y ser. En cuanto a tu preocupación, mantén la esperanza, los períodos de sufrimiento no son eternos y pasan. El tiempo traerá mejoras a tu madre y ella progresará.

- Raúl, te hablaré de mí para darte consuelo y esperanza. No llevo mucho tiempo aquí, estuve desencarnado durante tres años cuando me trajeron aquí.

¡Ah! ¡Mi vida encarnada! Me crie en las afueras de mi ciudad natal, mi padre siempre estaba borracho y mi madre constantemente estaba involucrada en malas compañías, solo tuve malos ejemplos. Crecí viendo delincuentes, teniendo dinero fácil, siendo, por miedo, respetado por los vecinos y teniendo amigos que eran ladrones, cuando tenía diez años participé en pequeños hurtos, y mi madre animándome me decía que llegaría lejos.

A veces sentí que estaba equivocado, que debía irme, trabajar, tener una vida honesta. Muchas veces sentí insatisfacción con esa vida, pero pasó rápido, esa era la única forma de vivir que conocía.

Yo tenía trece años, fuimos a robar a una panadería, el robo no salió como estaba planeado. El dueño logró llamar a la policía y nos persiguieron, huimos, resistimos la orden de arresto, tirando piedras a los soldados; dispararon y una bala me alcanzó y fallecí. No usaba armas, robar para mí fue una aventura, una ganancia fácil, nunca pensé en matar a nadie y nunca pensé en morir. Fallecí sufriendo mucho dolor y durante mucho tiempo seguí sintiéndolo, al igual que mi familia.

Ni siquiera a mis amigos les importó lo que me pasó; pronto todos me olvidaron. A mi funeral asistieron solo mi madre y algunos amigos, no hubo oraciones. Me rebelé, no quería creerlo cuando espíritus burlones decían que mi cuerpo había muerto; los rescatistas hablaron conmigo, pedí ayuda, me llevaron a un Puesto de Socorro, donde trataron mi herida. No quería quedarme ahí, tenían demasiada disciplina para mí. Deambulé, infeliz con mi destino, me encontré en el Umbral, sufriendo aun más entre los malos. Me cansé, me arrepentí y quise tener otro tipo de vida, sinceramente quería ser bueno y me trajeron aquí. Entendí que sin disciplina no hay orden ni organización y que es lindo ser ordenado. Hoy estoy bien. Me preocupo por mis padres, por viejos compañeros, todos ellos en el camino del mal, pero estoy seguro que algún día volverán al bien. Los sufrimientos, Raúl, son lecciones que aprendemos a través del dolor, cuando nos negamos a aprender a través del amor. Tu madre sufre por no ser humilde, por no aceptar lo que le pasó, creyéndose indigna de la infelicidad que le ocurrió. Hay explicaciones para todo, aunque no entendamos las causas del sufrimiento que atravesamos. Debemos aceptarlas creyendo que tienen razón, porque Dios es justo y debemos confiar en Él.

- ¿Tú, Mário, de niño, deambulabas? ¿Sufriste lo que sufre mi madre? - Pregunté con curiosidad.

- No confundir niño con inocencia. Mi cuerpo era joven, no yo propiamente dicho; soy un espíritu antiguo, nada tenía de inocente. Sabía que estaba haciendo algo mal, me resultaba más fácil seguir el ejemplo de quienes me rodeaban que corregirme. Los inocentes, éstos no deambulan. Así como a mí me ayudaron y ahora me guían, tu madre también lo será algún día. No me avergüenzo de mi vida, tengo muchas ganas de cambiar. Tú, Raúl, falleciste sin culpa; yo, con muchos errores y vicios. No debes sentir lástima de ti mismo, evita la autocompasión, tienes mucho que aprender y construir. Me he esforzado mucho, te aconsejo que hagas lo mismo.

- Gracias, Mário – dije emocionado -, creo que no deberías enojarte por tus errores, al fin y al cabo fue la educación que recibiste. Esto fue tomado en cuenta, Jesús dijo: *"A quien mucho se le ha dado, mucho se le pedirá. El siervo que no sabe las cosas de su señor y se equivoca, es digno de pocos azotes."*

- Por eso me ayudaron, amigo, pero si tomé la iniciativa fue por afinidad, porque lo merecía.

Recibimos en el presente lo que hicimos en el pasado.

Mário terminó, el profesor Eugênio sonrió, aprobando a su alumno, y dijo:

- Ahora tú, Adam.

- Raúl, todos los que estamos aquí, residentes o invitados de este Educandário, tenemos historias interesantes sobre nuestra desencarnación. ¿Has notado, amigo mío, que somos un grupo ligeramente diferente al resto de jóvenes de aquí? Los demás tienen varios profesores, son más nostálgicos de sus hogares, más infantiles. Nosotros aquí parecemos más adultos y conscientes de nuestros errores y aciertos. Tenemos un maestro especial, sabio, cariñoso, ayudándonos siempre con su experiencia y amabilidad. No debes preocuparte ni avergonzarte por tu desencarnación. Siempre ocurren desencarnaciones trágicas, todos los días, y no eres el único cuyo padre mató tu cuerpo. Hay muchas de estas infelicidades: padres que matan a sus hijos, hijos que matan a sus padres. Debes olvidar, no pensar en este triste episodio. Te admiro, Raúl, tu capacidad de perdonar y tu comprensión; tu valentía es una lección para todos nosotros. Pero si no hubieras perdonado, estarías sufriendo. Por lo que supe, el verdugo también sufre. Tú plantaste y tendrás que cosechar. La víctima que no perdona también sufre.

- Es cierto, Adam - intervino amablemente el profesor -.Quien odia y no perdona, sufre mucho. El perdón es el refrigerio de las almas perseguidas y ofendidas. Al perdonar nos desconectamos de quien nos ofendió, el odio es un vínculo que une a unos con otros trayendo muchas desgracias. Estoy feliz de escucharte, por favor continúa.

- Raúl - prosiguió Adam -, aceptamos mejor lo que entendemos y para cada una de estas trágicas desencarnaciones hay una explicación. Eso lo sientes cuando nos dices que te parece justo. Sin embargo, no era necesario que su padre fuera el asesino, para cometer este doble crimen. En mi opinión, tu madre, siendo buena y honesta, eventualmente lo entenderá, pero debe ayudarte; creo que eres amable al preocuparte por ella, porque si ella no puede perdonar, el círculo no se romperá y quizás, en el futuro, ella sea la asesina.

Después de una breve pausa, preguntó:

- Profesor, ¿el "no perdonar" es consecuencia del odio? ¿Por qué el padre de Raúl lo habría asesinado con tanta frialdad si no los hubiera odiado?

Sin esperar respuesta, concluyó:

- No hizo nada en esta vida que lo ofendiera, deduzco. En la Tierra fuimos revestidos muchas veces del cuerpo carnal; entonces, ya estaban juntos, tal vez él se sintió ofendido y no perdonó. Si no se rompe este círculo, siempre tendremos un perpetrador y una víctima. Veo la necesidad de ayudar a tu madre y que te preocupes por tu padre, sí, porque ella lo odia, y este odio debe terminar. Él tampoco ha perdonado y debe perdonar.

- Siento eso, Adam. Me dijo lo que necesitaba escuchar. Cuando a veces estoy solo, leyendo o meditando, me parece que soy otra persona. O hay otro en mí, no lo sé. Me veo como un hombre, un adulto muy malo que planea matar; ¡Ahora siento que maté! Son escenas que no entiendo, pero estoy seguro que las viví. ¿Eran recuerdos del pasado? La abuela dice que sí, pero también que no me preocupe por eso ahora. Es mamá la que me preocupa. Tú, Adam, tienes razón, si mamá no perdona terminará vengándose y este vínculo de odio no terminará. Es necesario acabar con los dolores y reconciliarnos. Quería tanto que ella entendiera, perdonara y estuviera aquí conmigo.

- Tienes que confiar, Raúl - prosiguió Adam -, aquí estamos rodeados de muy buena gente. El profesor Eugênio siempre nos ayuda, nos lleva a visitar a familiares, padres que lloran de angustia, llamándonos desesperados, dejándonos aquí inquietos, angustiados. Ayúdanos a consolarlos, recordándoles la Divina Misericordia, que Dios es Padre de todos nosotros, que antes de ser sus hijos somos hijos de Dios y que todos somos verdaderamente hermanos. Nos ayuda a vivir con anhelo, sin dejar que nos entristezca. Todos tenemos problemas aquí, que solucionamos con la ayuda del profesor. Confía, Raúl, confía, ora y tendrás aquí a tu madre, muy pronto, si Dios quiere.

- Gracias – dije agradecido.

Empecé a cambiar. Las preocupaciones expresadas a los amigos se comparten. Me sentí aliviado, reconfortado y esperanzado. Llegué a comprender que estábamos atrapados, papá, mamá y yo, por el odio. El círculo se desconectaría con el perdón y me correspondía a mí ayudarlos. Confié en la ayuda que recibiría y que estaba recibiendo allí, escuchando a compañeros y amigos.

Mi tercer compañero se levantó.

- Raúl, amigo mío.

El risueño Tiago comenzó a narrar. Su apariencia era delgada, cabello de color castaño claro, con ojos inteligentes y expresivos. Pensé: "Debió ser feo cuando estuvo encarnado, pero simpático." A todos nos gustaba. Sencillo y leal, cautivaba a todos y quizás por eso me parecía tan hermoso. Dejé de lado mis impresiones y le presté atención, mientras seguía expresándose con su armoniosa voz.

- Lamento que estés sufriendo y triste, aunque creo que preocuparse por los que amas es una señal de madurez, el comienzo de preocuparte por la humanidad en el futuro, ya que todos somos hermanos. Te contaré mi historia, para que entiendas la ayuda que siempre tenemos, que todo sufrimiento es justo y, si sabemos sufrir, aprenderemos muchas lecciones.

Desencarné siendo un niño, de doce años, con un cáncer extendido. Mi cuerpo carnal se estaba pudriendo, olía mal, haciéndome sufrir mucho. Las personas que me vieron comentaban con pesar: ¡Todavía soy un niño, sufriendo así!

Éramos muy pobres, yo tenía siete hermanos, mi padre era agricultor y mi madre lavaba ropa para los clientes para ayudar con los gastos del hogar. Vivíamos en un pueblo pequeño, sin recursos, y nuestra casa estaba en las afueras, era pequeña: dormitorio, sala y cocina. Me enfermé cuando tenía nueve años, mi madre primero me dio tés caseros, sin ningún resultado. Como no había médico en la ciudad, me llevó al farmacéutico. Sr. Zeziño de la farmacia no tenía estudios, pero entendía bien las enfermedades.

No sabía lo que tenía, él entendió que era grave, me dio medicamentos, pero fue empeorando, hasta que, sin fuerzas, no podía levantarme de la cama y poco a poco mi vida física se fue acabando con mucho dolor, en las crisis. Siempre pensé que me iba a morir, lloraba y gemía, y mi madre, siempre conmigo, lloraba junto a mí. Mi madre, querido amigo Raúl, siempre fue un ángel de ternura y cariño, ella hizo todo lo posible para aliviar mi sufrimiento, entendiendo que ella sufría por mí, pues no la veía triste y llorando, soporté el dolor sin quejarme e hice todo lo que pude para no gritar.

Unos días antes de fallecer me sentí diferente, estaba mareado, confundido, me parecía ver a otras personas y escucharlas hablar. El dolor disminuyó, llevaba días en coma y poco a poco me fui desconectando de la materia. Dormí y desperté aquí en el hospital, días después, los rescatistas me trajeron y me ayudaron mucho, me desperté y me sentí aliviado sin el dolor, me dijeron que había fallecido, suspiré agradecido de estar libre de mi enfermedad. Me recuperé rápidamente, quería curarme y mi resignación y mi fe en Dios me ayudaron mucho. Cuando me dieron el alta del hospital, me llevaron al alojamiento de la escuela, ya que no tengo familiares aquí. Inmediatamente hice muchos amigos. Meses después comencé a sentir una inmensa nostalgia, mi madre, comenzó a sentirse abandonada y sola. Traído a estudiar en esta clase, el profesor Eugênio hizo todo lo posible para que me integrara a la nueva forma de vida y prestara atención a las clases. Pero me atormentaba el anhelo que sentía herido y el deseo de estar cerca de mi madre. El profesor Eugênio amablemente me llevó a visitarlos, para que pudiera verlos. Estaba feliz, emocionado y caminé con el maestro por los campos y por mi ciudad. Cuando vi mi antigua casa, mi corazón latió con fuerza.

- Profesor Eugênio, ¡qué feliz estará mi madre de verme curado! - le dije emocionado.

- Tiago, no olvides lo que aprendiste, nadie de tu familia podrá verte.

Pensé que era imposible, claro, pensé que me verían. Entré a mi antigua casa con confianza y felicidad. No había nadie en casa. Noté por primera vez lo pobres que éramos, teníamos muy poco, pero todo estaba bien limpio. Mi cama ya no estaba en la esquina de la habitación. Papá, mamá y mis hermanitos dormían en el dormitorio y los mayores, en la sala. Las camas eran pocas y dos o tres dormían en una cama individual; ya que me enfermé, dormía solo en un rincón de la habitación, como era más temprano escuché conversaciones, iban llegando, felizmente esperé a que entraran.

Entraron mamá y mis hermanos, ella había ido a entregar ropa con los pequeños y los mayores regresaban del colegio.

Actuaron con normalidad. Me paré frente a ellos sonriendo. ¡Qué decepción! No me vieron, sentí que me dolía el pecho, mi sonrisa se desvaneció. Los podía ver perfectamente, los podía escuchar y no me veían o escuchaban... Miré al profesor Eugênio y él sonrió animándome, entendí, él me había advertido, pero no quise entender.

- Tiago - dijo amablemente -, cuando tu cuerpo de carne muere, eres un espíritu cubierto de periespíritu y los encarnados no lo ven, excepto los médiums y clarividentes encarnados, lo que no ocurre con ninguno de los miembros de tu familia. Puedes verlos, saber de ellos, pero no hablar con ellos, ni ellos contigo.

Suspiré y pensé que, ya que era así, debía aprovechar para saber de ellos y satisfacer mi anhelo.

Mamá sacó algo de dinero del bolsillo y lo metió en un frasco, como hacía siempre, diciendo cansadamente: 'Tendremos dinero este mes para pagarle al señor Zeziño de la farmacia, un buen hombre, se lo vendió a crédito para que mi Tiago tenga medicinas. Menos mal que no pagamos por vivir en esta casita y el dueño del terreno no nos molesta. Más ahora sin el dinero de tu padre. Han pasado cuatro hace meses que se fue y ya no hemos sabido nada de él.

- Se fue el día que murió Tiago - dijo uno de mis hermanos.

- ¡Extraño a mi hijo! - Exclamó mamá con lágrimas en los ojos.

- Mami, no llores - dijo Vanda, mi hermana mayor -. ¡Tiago estaba tan enfermo, pobrecito! Era tan amable que se fue a vivir con sus amigos al cielo. El padre Anselmo dijo que está haciendo milagros. Muchas personas ya cumplen sus promesas en sus tumbas.

- ¡Mi santo hijito! - Dijo mi madre sonriendo.

- Si ayuda a los extraños, también nos ayudará a nosotros, se asegurará que Mané y yo consigamos trabajo para que podamos ayudar aquí en casa - dijo mi hermano.

Por sus conversaciones supe que mi padre, hacía algún tiempo, había abandonado a mi madre, se había ido a vivir con otra mujer y prohibía a nadie decírselo; iba a verme y le daba dinero a mi madre, pero, con mi muerte, se mudó a otra ciudad y nadie volvió a saber de él.

Me quedé con ellos dos horas, el tiempo que me permitieron. Regresé llorando, quería quedarme, ayudarlos, quería estar con mi madre... Aquí los compañeros me ayudaron, me aconsejaron, intentaron hacerme entender que mi vida ahora era diferente y debía aprovechar las lecciones que estaba recibiendo.

Pero qué pasa, estaba triste, alterado, lloraba por nada.

Después de unos días, el profesor Eugênio me dijo:

- Tiago, consejo, las conversaciones no te sirven; verás imágenes proyectadas de eventos en su hogar en esta pantalla.

Todos en la clase observaban, seguían con respeto la lección que yo estaba recibiendo. Conmovido, vi mi casa, a mi madre y a mis hermanos, y a mí enfermo en cama. Eran escenas que había vivido en carne propia.

- Observa, Tiago - dijo el profesor Eugênio, aclarando los acontecimientos que estábamos presenciando -, tu madre está agotada, mira sus manos, gruesas, llenas de callos, trabaja mucho, se levanta temprano, tiene mucho que hacer; además de las tareas domésticas, lava ropa para otras personas. Ella hace la comida y hay poco para comer, primero te la lleva. El farmacéutico dijo que necesitabas comer bien, tus hermanos te miran comer con la boca hecha agua, tienen hambre, comparten lo que queda. Sufres, sufriste, pero ella sufrió más, te ama, pero también ama a sus otros hijos. Llega la noche y se acuesta, hace tiempo que no duerme bien, está alterada, quiere agua, tiene dolores, se levanta muchas veces durante la noche, no se queja, busca el coraje de continuar en oración. Tu padre, un espíritu débil, se fue de casa, está cansado, quiere aventuras, se fue a vivir con otra mujer, pero viene a visitarte y ni siquiera te das cuenta que se ha ido. Estás preocupado por tu dolor, por ser atendido, no hiciste nada malo, Tiago. Realmente tuviste un dolor atroz, de niño querías a tu madre para ti, y ella, desinteresadamente, dejó todo lo que estaba haciendo para estar contigo, para servirte. Un niño desencarnado en esta encarnación, puro de sentimientos, sin errores, fue ayudado, pronto fue curado y bien. Porque el sufrimiento del cuerpo soportado con resignación es curación del espíritu. Sigamos ahora, Tiago. Observa tus hermanos, ellos son desnutridos, débiles, anémicos y siempre te atendieron de buena gana; aunque niños, respetaron tu sufrimiento.

Tu madre trabaja mucho, lava ropa todo el día, tu hermana mayor trabaja como empleada doméstica. El dinero es poco, no alcanza para sustentarlos, tu madre recibe lo que queda de la comida de sus clientes, a quienes agradece, conmovida. Necesita dinero para pagar las deudas que contrajo debido a tu enfermedad, para no quedarse sin medicamentos, para aliviar tu dolor. Después de tu fallecimiento, empezó a comer mejor, tu madre ya no necesitaba levantarse por la noche y no tiene más ropa para lavar, porque siempre ensuciabas la cama. ¿No crees, Tiago, que ya le has dado suficientes problemas? ¿Por qué volver allí?

Sabes que al regresar sin autorización, sin la preparación adecuada y sin los fluidos saludables aquí, pronto te perturbarías y te sentirías enfermo; necesitando energía, comenzarías a vampirizar a tus familiares. En este intercambio de energía solo les harías daño. Tiago, ellos tienen que seguir viviendo y tú también. Liberado de la carne, fuiste llamado a vivir aquí, ellos tienen que seguir encarnados hasta que llegue el momento que cada uno regrese. Viste que la vida no es fácil para ellos, No quieras hacerles daño con tu presencia no preparada, más bien trata de vivir bien aquí, de aprender para poder ser útil a ti mismo, a tus seres queridos y a todos los que te rodean.

El profesor Eugênio apagó la pantalla, se sentó y se hizo un silencio total en la sala. Entendí que el profesor mostraba los acontecimientos para alertarme y, sin poder contenerme, lloré, pero mi llanto fue diferente, no fue así. Por más tiempo sentí lástima de mí mismo, fue vergonzoso. Nadie me interrumpió, durante unos minutos las lágrimas cayeron abundantemente, reaccioné, tratando de sonreír, dije: No quiero darle más problemas a mi familia. ¡No quiero! Ahora entiendo que solo tengo que ser agradecido, seré comprensivo y no lloraré más, prestaré atención en clase y, solo cuando pueda ayudar, pediré verlos. de nuevo.

- Muy bien - dijo el profesor Eugênio -, tener el deseo de ayudar es maravilloso, nos anima a aprender. No lo sabes, pero yo lo sé y puedo ayudarte. Volveremos a tu casa, Tiago, y ayudaremos a tu madre y a tus hermanos.

No sé cómo explicar la alegría y el agradecimiento que sentí en ese momento, esperaba ansiosamente el día previsto para nuestro regreso. Llegó el día esperado, me prometí no llorar y obedecer al maestro en todo. y lo hice. El profesor Eugênio había hecho más bien una evaluación de la situación económica de mi familia, cuánto recibía mi madre, cuánto debía, cuánto mi hermana, la única que trabajaba y ganaba.

- Vamos, Tiago, al trabajo de Vanda, empecemos por ayudarla.

Fuimos a su trabajo. La mujer para la que trabajaba Vanda era de mediana edad, estaba bien vestida y en ese momento estaba almorzando con su marido. El profesor Eugênio se acercó a ella, la sintió y, como por arte de magia, la escuchamos decir a su marido:

- Voy a aumentarle el sueldo a Vanda y ayudarla más, enseñándole el trabajo. También le voy a dar ropa, está tan mal vestida, mis amigas pueden comentar. También le voy a preguntar a Zenira pronto, si quiere conservar a su hermana como paje, la chica busca trabajo.

Terminó el almuerzo y nos fuimos, fuimos juntos a la casa de mi amigo y conseguimos un trabajo para mi otra hermana.

- Está bien - dijo el profesor - una hermana más está empleada, eso significa que comerán bien, conseguirán ropa, zapatos y ayudarán a su madre. Vamos ahora ver trabajos para los otros hermanos. Vamos a la farmacia, vamos a visitar al señor Zeziño, que ayuda mucho a tu madre.

Cuando llegamos a la farmacia nos encontramos con dos desencarnados que nos saludaron, y el maestro me explicó:

- Son dos amigos, rescatistas que trabajan para ayudar a los encarnados.

Sonreí admirándolos, uno de ellos se dirigió a mí:

- ¿Eres Tiago? Acabamos de brindar asistencia en tu nombre. La hija del farmacéutico estaba enferma, pensó que era cáncer. Él y su esposa hicieron una promesa, te pidieron que la ayudaras, si no fuera cáncer perdonaría la deuda de tu madre. Vinimos a ayudarlos, solo era un espíritu oscuro que la atormentaba, lo sacamos sin problemas, la niña mejoró. La llevaron al médico del pueblo de al lado, le hicieron las pruebas y hoy llegaron los resultados: la niña no tiene nada.

- ¡Que bien! -Exclamé feliz -. Cómo te lo agradezco. A mi madre también le diste una gran ayuda, mejora la vida de sus hijos. Gracias. Mira, ahí viene.

Mamá, muy avergonzada, entró en la farmacia retorciéndose las manos, constreñida. Antes que el señor Zeziño le dijera algo, le explicó:

- ¿Me llamó usted, señor Zeziño? No tengo dinero ahora mismo para dárselo, a fin de mes le daré más, le pagaré todo.

- Doña Cida - dijo el farmacéutico -, ya no me debes nada.

Le contó todo a mamá, la promesa, la hija curada. Mamá lloró emocionada. El señor Zeziño tomó el cuaderno, lo abrió en la página de la cuenta de mi madre y escribió en tamaño grande: ¡Cancelado!

- ¡Gracias, señor Zeziño, por favor, esto no se paga, solo Dios! - Dijo mamá agradecida.

El profesor Eugênio se acercó al señor Zeziño, lo miró fijamente y él, con calma, tomó del estante algunos productos fortificantes y desparasitantes y se los dio a mamá.

- Aquí están, señora Cida, estas medicinas; dáselas a los demás niños.

- Eres un buen hombre. Gracias.

- De nada, señora Cida, fue su hijo quien curó, con la gracia de Dios, a mi hija. Le estoy agradecido, sufrió mucho aquí, es un santo en el cielo.

- Señor Zeziño, estoy buscando trabajo para mis dos hijos mayores, todavía son pequeños, pero necesitan aprender a trabajar y ayudarme. Usted sabe, después que mi marido se fue, lo que gano no es ni siquiera suficiente para alimentarnos.

- En la tienda de la esquina necesitan un muchacho.

El profesor Eugênio siguió mirándolo, tratando de intuirlo para ayudarnos y el señor Zeziño, una persona buena, honesta, buen cristiano, recibió la intuición y más, respondió:

- Voy allí contigo, soy un amigo del dueño, le pediré yo mismo. Vamos.

Qué bueno. Funcionó, en un instante arreglaron todo, mi hermano no iba a ganar mucho, pero almorzaría en el trabajo y aprendería a trabajar.

Mamá estaba muy feliz y el señor Zeziño hizo aun más:

- Pasemos por mi casa señora Cida, su muchacho necesita venir a trabajar bien vestido, le voy a dar ropa de mis hijos para que usted lo vista mejor.

Mamá llegó a casa muy feliz, esperanzada, y yo me sentí feliz, en paz, agradecido, muy agradecido, con el profesor Eugênio. Esa noche fue una fiesta en mi casa. Consiguieron ropa, Vanda aumentó su sueldo y dos más trabajarían. Mamá se reunió todos después de la cena, oraron agradecidos y dijeron al final de la oración:

- Mi Tiaguito estás haciendo milagros, curaste a la hija del señor Zeziño y también nos ayudó. Todo lo que hemos recibido hoy es ayuda de aquel que, arriba en el cielo, no nos olvidó. Gracias, Dios mío, y gracias también a ti San Antônio.

Tomé las manos del maestro, tratando de equilibrar mis emociones. No lloré al presenciar todos esos eventos, quería crecer más, ser útil, y le dije al maestro:

- Volvamos profesor, las clases nos esperan.

- Todavía no, Tiago, le daremos la bienvenida a un amigo. Es un médico espiritual dedicado, medicará a todo tu gente y con la medicina que recibieron se volverán más fuertes y saludables.

El doctor Aníbal fue amable y sonriente; después de saludarlo le di las gracias y pronto se puso a trabajar.

- Vamos, Tiago - dijo el profesor Eugênio -. Jairo, tu hermano, también puede trabajar, pidamos más ayuda.

Salimos de la casa y pronto encontramos a los dos rescatistas y el maestro les preguntó:

- ¿No pueden ayudar al otro hermano de Tiago a encontrar trabajo?

- Por supuesto que sí, con mucho gusto haremos nuestro mejor esfuerzo.

- ¿Entonces, Tiago? ¿Cómo te sientes ahora? -Preguntó el maestro.

- Estoy feliz y agradecido. Cambié, mejoré mi conducta, aprendí a confiar y con mucho gusto comencé a estudiar; quiero ser un salvador lo antes posible, ayudando a las personas encarnadas, no solo a mi familia, sino a todo aquel que lo pida y lo necesite.

En mi última visita la diferencia fue grande. Con el tratamiento del Doctor Aníbal y los medicamentos que le dio el farmacéutico, ahora están mejor alimentados, están sanos, fuertes, mamá hasta almorzó. Con la ayuda del maestro, los escuché, orando, dijo: "Estoy tan feliz ahora, sé que mi Tiago nos ayudó junto con San Antônio. Sufrí mucho al ver sufrir a mi hijito, partes difíciles que pasamos, ahora todo mejora, gracias a Dios. Ayuda Raúl, siempre la tendremos y la tendrás, no estés triste, y créeme, tus problemas se solucionarán, pide ayuda y confía.

Tiago terminó su relato, todos lo escuchaban atentamente. Fue entonces cuando Pedro le preguntó al maestro:

- Profesor Eugênio, ¿por qué decían que Tiago hacía milagros si ni siquiera estaba allí? ¿Y San Antônio? Nadie lo vio allí y ni siquiera lo vemos aquí. ¿No fueron los dos rescatistas y usted quienes los ayudaron? ¿Por qué dicen que son Tiago y San Antônio?

Hubo curiosidad general y el profesor nos explicó:

- Estamos todos en la Tierra para aprender, amar y crecer, avanzar hacia el progreso. Desgraciadamente, algunos se detienen en el camino negándose a aprender, otros insisten en hacer el mal. Hay; sin embargo, quienes, aprovechando las oportunidades que ofrecen las encarnaciones, crecen en bien y comienzan a trabajar, a ayudar, se convierten en misioneros de luces y bendiciones. Hay, queridos estudiantes, muchas moradas en la casa del Padre, en este inmenso universo, hay muchos planetas habitados y también hay diferentes maneras de vivir, después que el cuerpo carnal ha muerto. Cada espíritu vive donde su fluido lo atrae, donde lo merece. En el plano espiritual de la Tierra hay umbrales donde viven temporalmente personas malvadas. Hay lugares de estudio como aquí, en esta Colonia, y hay esferas superiores donde los grandes misioneros están constantemente ayudando a los necesitados en la Tierra. Como Antônio de Padua, San Antônio, que tanto ayuda y hace tanto en su nombre. Los diversos milagros que suceden entre los encarnados no son más que obras para quienes hacen el bien, no importa a quién pidas, solo es importante ayudar.

El profesor Eugênio hizo una breve pausa, nos miramos asombrados. Exclamamos:

- ¡Milagros, obras, maestro!

- Sí - continuó explicando -, los milagros son obras, obras de buenos espíritus, de socorristas que siempre ayudan, como los dos amigos que Tiago y yo conocimos.

Entre una y otra encarnación, los espíritus pasan un período en el plano espiritual, esto es lo que se llama erraticidad: los malos perturban, los buenos hacen el bien y aprovechan para aprender siempre. Los llamamos salvadores, porque trabajan duro y no quieren otra remuneración que el deseo de ser buenos y servidores de Jesús. Trabajan en todas partes, en los umbrales, en los Puestos de Socorro y también ayudan a los encarnados; a menudo responden a los llamados de la fe en nombre de las diversas entidades conocidas en la Tierra. Hay una gran concentración de socorristas en los lugares de peregrinación donde muchos rezan y hacen peticiones. Estos trabajadores desinteresados sirven en el nombre de Nuestra Señora, de los diversos santos, de Jesús, etc. Los buenos siempre vienen. ¿Quieres un ejemplo? Si una persona en peligro pide ayuda a la Virgen, un buen espíritu cercano, si es posible, le ayuda. Siempre están tratando de responder a quienes piden. Si las solicitudes son más complejas, se remiten a ministerios específicos y son analizadas por quienes trabajan allí. Para su cumplimiento se tienen en cuenta algunos criterios. "¿Lo que pide es bueno para él?" A veces pedimos una gracia que sería algo bueno en el momento, pero causa de dolor en el futuro. Piden el fin del sufrimiento, de las enfermedades y a veces no es posible interrumpir el curso de su rescate. También se tiene en cuenta, si se recibe la gracia, se hace la petición, la persona mejora recurriendo más al Padre, si se aprueba, los rescatadores vienen y ayudan a la persona, sin importar a quién se le hizo la petición, aunque hay equipos que trabajan respondiendo a peticiones a Nuestra Señora, santos locales, etc., y también pueden ser respondidas por los propios santos, que no son más que servidores de Jesús. Todo es trabajo y para eso aquí se aprende a hacer el bien, porque hay que saber hacerlo. No todos aquí serán rescatistas trabajando para encarnados, podrán elegir tal o cual estudio, estudiar más, ser maestros, reencarnar, etc., pero dondequiera que vayamos tendremos oportunidades de servir, de ayudar.

- Profesor - dijo Henrique, un estudiante diligente y estudioso -, también hay promesas, mi tía siempre estaba haciendo promesas. ¿Está mal?

- Las promesas son intercambios, haz esto y yo haré aquello. Aquí no necesitamos intercambios, todo se hace con esmero y amor, a Dios, a Jesús, a los salvadores no les interesa el pago, sino hacer el bien y mejorar espiritualmente a los encarnados.

El pago de las promesas queda en la conciencia de quienes las hicieron y hay tantas personas que por no cumplirlas se consideran deudores y, desencarnados, no pueden tener paz porque se sienten ingratos, endeudados por las gracias recibidas. Todos estamos necesitados de gracias y ayuda, debemos pedir lo que necesitamos en la oración, "con humildad, no con intercambios." Si quieres ir a lugares, reza, hazlo, pero no condicionado a recibir esto o aquello. Lo que realmente quieren los buenos espíritus, cuando ayudan, es la mejora de cada persona, aumentando la fe, la confianza y haciéndola más consciente de las fuerzas del bien. Pero, Henrique, algunas personas que hacen promesas casi siempre ignoran este acto de intercambio, lo hacen con fe, por eso son tan atendidos. En el futuro, maduros y conscientes de lo que es un milagro., ya no habrá promesas. Esto es lo que sucede con relación a Tiago, que aquí con nosotros, en el aprendizaje, no puede hacer lo que se le pide. Es solo que las personas que lo conocieron vieron cuánto sufrió con resignación, le piden alguna gracia, confiados en ser respondidos, y los buenos trabajadores les atenderán, como se merecen, como los dos amigos salvadores que conocimos.

Satisfecho con la explicación, teniendo otra visión real de los milagros, nadie hizo más preguntas y el profesor Eugênio dio por finalizada la clase. Pero Tiago se levantó nuevamente y pidió la palabra.

- Quiero ser rescatista cuando termine mis estudios, quiero ir a ayudar a la gente encarnada. También quiero decirte unas cuantas cosas más, Raúl. Si tienes vagos recuerdos de tu pasado y sientes que no te han cometido ninguna injusticia, estás en lo cierto. El pasado está en nosotros, somos consecuencia de él, de las diferentes existencias que hemos tenido encarnados en la Tierra. No hubo injusticia conmigo, nunca la habrá. Sufrí mucho, me pudrí en la carne, sentí un dolor atroz en un cuerpo de niño, inocente en esta vida actual, pero no en la pasada. No me resultó difícil recordarlo todo. Una vez fui sacerdote católico y tuve como amante a la mujer que luego fue mi madre. No estaba muy convencido de mi fe y la amaba como mujer, no quería dejar el sacerdocio, lo que me daba buena vida y respeto; nos encontrábamos en secreto. En ese momento yo estaba a cargo de una institución de caridad, un refugio para niños enfermos, principalmente leprosos o hijos de leprosos que no podían vivir con sus padres y que nadie quería. Mi ambiciosa amante quería dinero, mucho dinero, y para satisfacerla desvié fondos de la institución para dárselos a ella. Dejé a los niños sin consuelo, sin medicinas, incluso sin comida, mientras ella se hacía rica, dueña de esclavos y lujos. Desencarnamos, sufrimos horrores por nuestras acciones, terminamos culpándonos unos a otros por el sufrimiento y comenzamos a albergar un gran resentimiento. Después de mucho tiempo, fuimos ayudados, guiados, comprendimos el alcance de nuestros errores y pedimos reencarnar. Nos juntamos para que el rencor terminara, como dos hermanos, hijos de leprosos; y, como no teníamos con quién quedarnos, contrajimos lepra y nos hicimos niños. Sin embargo, no nos sentíamos iguales con nuestra conciencia; otro se nos concedió una encarnación benéfica y volvimos. Ganamos en ésta, aprendiendo a amar con pureza, sufrimos, resignados, dimos valor a todos los beneficios recibidos y redimimos centavo por centavo. Lo sentí, Raúl, en mi cuerpo lo que hice sufrir a otros, quitando por ambición lo que en el pasado pudo haber sido alivio para los enfermos. Cómo ves, todo es muy justo. Y tener la oportunidad de dar frutos, de reparar nuestros errores, es la infinita bondad de Dios. que no nos condena, sino que se encarga que, rescatándonos, aprendamos por el amor o por el dolor. Raúl, valentía, pide con fe lo que quieres recibir, pide ayuda y confianza. Y tú puedes ayudar a tu madre.

AYUDANDO A MI MADRE

Tiago guardó silencio, todos quedamos conmovidos por el relato de nuestro compañero.

Aproveché el estímulo, miré al maestro y le dije en tono suplicante:

- Ayuda a mi madre, maestro. ¡Deja que te ayude! ¡Aunque con esta ayuda tenga que sufrir!
No sufriré más que ahora sabiendo que ella no se encuentra bien.

- Raúl, el estado de sufrimiento es consecuencia de nuestro libre albedrío, a la gente buena no le gusta ver sufrimiento, pero nuestro libre albedrío es respetado, al igual que el sufrimiento.
La ayuda que brindan los rescatistas es respetando la libertad de cada persona. Podemos aconsejarle a tu madre que perdone, pero no obligarla. ¿Entendiste?

- Sí señor, lo entiendo y creo que es justo; pero si puedo hablar con ella, sabré hacerle entender.

- Raúl, tu madre está en un estado de desorden. Ella se cree encarnada, sabe que tú has desencarnado y puede tener miedo al verte.

- ¿De mí, su hijo?

- Muchas personas, Raúl, que nos aman mucho, sufren terriblemente con la separación, pero tienen miedo y no quieren ver a los seres queridos que fallecieron. A tu madre le podría pasar lo mismo.

- Sí, si mamá me tuviera miedo, no sabría qué hacer – respondí, sinceramente –. No sé qué hacer si ella me teme. Entiendo lo cierto que es decir que, para ayudar, hay que saber, no basta con las ganas. Haré cualquier sacrificio por ella, profesor, pero no conseguiré nada sin ayuda.

El profesor Eugênio sonrió, con esa sonrisa que tanto nos cautivó, mirándome lleno de cariño.

- Te llevaré, Raúl, con tu madre. Mañana le pediré al profesor Lourenço que me reemplace durante el tiempo que esté ausente; te llevaré e intentaremos ayudar a tu madre.

Me sentí feliz, confiada, quería abrazarlo; me contuve y dije conmovido:

- Le agradezco su cariño, Profesor Eugênio, confío en su sabia ayuda, tanto es así que prometo contarles a todos cómo me fue cuando regrese. Y estoy seguro que traeremos a mi madre. Pero prometo no entristecerme ni desanimarme si no lo logramos.

- Rezaremos y animaremos por ustedes – dijeron a coro mis compañeros.

La clase terminó, corrí hacia la abuela, felizmente le conté todo lo que pasó en la clase, la abuela sonrió guiándome:

- Raúl, el profesor Eugênio es muy amable, muy interesado en los problemas de sus alumnos, conocedor de los sentimientos humanos, confío que podrá ayudar a mi Manuela. Pero, nieto mío, no te decepciones si no lo consigues en el primer intento. Siempre he estado con ella, quiero ayudarla y ella no quiere recibir ayuda. Ve, querido, haz todo como te indique el maestro. Te recuerdo que tu vida continuó, y cuenta con la certeza que continuó para desencarnar. No quieras quedarte en tu antiguo hogar.

- Claro que no, sé que no me verán, así que nada me retiene allí. Me gustan mis hermanas Negrita y sé el peligro que representaría para ellas si me quedara allí sin la preparación adecuada. Tengo muchas ganas de ir a convencer a mamá que perdone y les prometo que seguiré fielmente sus órdenes. Y si no lo logramos esta vez, no me rendiré hasta tenerla con nosotros.

- ¡Que Dios los bendiga!

Esperé ansiosamente el día siguiente, no podía ocultar mi emoción. Temprano en la mañana fui a encontrarme con el maestro y, al verlo, sentí que mi corazón latía aceleradamente.

- ¿Estás listo, Raúl? ¿Estás bien?

- Sí, pero siento que mi corazón late fuerte, como si estuviera encarnado.

- El periespíritu sirve de modelo al cuerpo. Necesitamos tiempo para desapegarnos de las cosas a las que estamos acostumbrados, tenemos un reflejo de quiénes somos y la impresión del cuerpo carnal nos acompaña. Observa, Raúl, que poco a poco vamos dejando de lado la necesidad de comer y de dormir, y muchos como tu madre todavía sienten frío, calor y dolor. El periespíritu es una materia enrarecida, perfecta, bella; es natural que, cuando estés emocionado, sientas como si el corazón de tu cuerpo físico estuviera latiendo; es que el corazón de tu periespíritu está acelerado. ¿Vamos? ¿Le dijiste a tu abuela?

- Le avisé, sí. Ella nos está apoyando.

El profesor Eugênio tomó mis manos, me guio y regresamos. Vi la Colonia desde arriba y la encontré enorme, la encontré aun más encantadora con sus jardines y edificios.

Pronto vi la Tierra y quedé deslumbrado al ver los lugares que conocía; llegamos a las inmediaciones de mi antiguo hogar, entre los árboles del campo. Suspiré contento, observé todo y luego la sierra. Debajo de un árbol, sentada en el suelo, estaba mamá, triste y pensativa. Cuando la vi me acordé del pozo, llevaba el mismo vestido, toda sucia, con manchas de sangre, el pelo despeinado. La herida del cuchillo sangraba en su pecho. Esperaba verla así, pero no podía dejar de sentirme angustiado, miré al maestro pidiéndole ayuda.

- ¿Por qué, profesor, le sangra la herida?

- No pierdas la confianza ni la serenidad, Raúl. La herida sangra porque ella la alimenta y la preserva con su rencor.

Miré a mi madre con todo mi cariño. Pensé: "¿Por qué no puede perdonar?"

No lo entendí, es muy fácil entender las ofensas cuando queremos. Ella fue víctima y sufrió más que el agresor, en ese momento, por no hacer lo que Jesús tanto recomendaba: perdonar siempre. Le pregunté a mi maestro:

- ¿Ella no nos ve?

- Raúl, nuestra vibración es muy distinta a la de ella. Nosotros podemos verla, pero ella no. Manuela ve personas encarnadas y desencarnadas del mismo rango vibratorio que ella. En los espíritus malos, perturbados y sufrientes, la vibración es más densa, casi material, mientras que en los buenos, nosotros que aprendemos, residentes de planos superiores, la vibración es más enrarecida, más suave. Espíritus como el de tu madre, actualmente, no ven a los buenos, por eso son llevados a Centros Espíritas para su incorporación, y cuando se enfrentan al cuerpo carnal ven que son diferentes, entienden que están desencarnados y luego ve a los buenos que quieren ayudarlos. Ahora también podemos descender a su vibración y hacernos visibles, ya que ella no puede alcanzarnos.

- ¿Cómo puedo hacer eso?

- Yo te ayudaré: antes que te hagas visible para ella, recuerda, Raúl, que Manuela puede aceptarte, o temerte. Ahora, vamos, piensa mucho y detenidamente en ti mismo, en el estado en el que te encontrabas en el pozo, trata de sentirte así, sucio, herido, lo que quieras.

Pensé mucho y comencé a transformarme, me sentía más pesado.

- Vamos, Raúl, piensa, el periespíritu puede ser maleable, tú puedes transformarlo por voluntad.

Sintiéndome diferente, abrí los ojos y miré mi cuerpo. Mi ropa estaba rota, sucia, igual que el día que fallecí, estaba dolido y con un sentimiento de autocompasión invadiéndome. Pensé: "¡Estaba todo herido, pobre de mí!" Eso fue suficiente para que comenzara a sentir dolor. El profesor intervino enérgicamente.

- No, Raúl, no dejes que la autocompasión te domine; Vamos, reacciona, esta no es tu condición, estás así solo para ayudar.

Respiré hondo y pensé en la figura del Maestro Jesús, enseñando en la montaña, en el hermoso cuadro que teníamos en el salón de clases. Me relajé y no sentí nada más; sabía que mi transformación solo debía ser visible para mi madre, mi forma externa no debía cambiarme internamente y no podía sentir lástima de mí mismo: nada de lo que me había pasado era injusto.

Con calma me acerqué a ella, me acompañó el profesor Eugênio; como no bajó su vibración, solo mi mamá me vería.

Parado a unos pasos de ella, dije en voz baja:

- ¡Madre mamá!

Levantó la cabeza y se sobresaltó cuando me vio. Abrió mucho los ojos y se quedó quieta, mirándome. Se retorció las manos nerviosamente y dijo en tono angustiado, hablando rápidamente:

- ¡Raúl, hijo mío! ¡Veo tu alma! Moriste ese maldito día. ¿Por qué yo no? ¡Tuve que quedarme! Estoy buscando ayuda y no la encuentro. ¡Qué sufrimiento, hijo mío! ¿Ves mi condición? Les prohibió ayudarme. Les digo a todos que fue él. Nadie me cree ni me escucha. ¡Raúl! ¡Estás sucio y herido! ¿No estás en el cielo? ¿Sufres, hijo mío?

Aproveché la pausa que hizo y traté de explicarle, hablando con dulzura:

- Mamá, querida mamá. No sufro, estoy bien y desearía que lo estuvieras también. Olvida las cosas malas que te hicieron, perdónalos. Todos necesitamos perdón.

Perdona mamá, pide ayuda a Dios, a Jesús, y haz como Él, que en la cruz perdonó a los que mataron su cuerpo. ¡Por favor, mamá, perdona!

Mamá se agitó, pareció más asustada y gritó.

- ¡No, tú no eres mi Raúl! ¿No tienes tranquilidad porque no estás vengado?

- Mamá, cuando caímos al pozo, morimos los dos.

- ¡Dios mío! Moriste, vi tu cuerpo frío; el mío no ¡Mira! ¿Ves? Estoy viva. Siempre he tenido miedo de las almas del otro mundo, de los muertos. Oh... te vengaré, Raúl. Manuel nos las pagará.

Ella huyó desesperada, asustada.

- Vuelve a ser Raúl del Educandário - ordenó con voz firme el profesor Eugênio -. Piensa en ti allí en nuestra clase.

Rápidamente me transformé, suspiré aliviado y traté con todas mis fuerzas de no desanimarme; intenté sonreír.

- ¡Me tenía miedo!

El maestro sonrió, consolándome.

- Busquémosla de nuevo, seré yo quien hable con ella. Sin conocerme juzgará que estoy encarnado y puede que sea más fácil.

- Mamá está muy molesta, profesor. Ella siempre fue amable y educada. ¡Se expresa de forma extraña!

- Tu madre está temporalmente perturbada por lo que le pasó, por su sufrimiento.

- ¿Ella perdonará?

- Claro que sí. Manuela sufre y se siente sola, abandonada, no será difícil hacerla entender. Ella no es mala, no buscó ayuda de los vengadores ni unió fuerzas con espíritus oscuros.

- ¿Vengadores? - Me sorprendió.

- Sí, a los grupos que se reúnen en los umbrales se les llama vengadores, que se dedican con todo su odio y rencor a vengar las ofensas y ayudar a las personas supuestamente ofendidas que los buscan. En casos como éste, nuestra intervención es más laboriosa, pero alcanzable. Manuela no está segura de si realmente quiere venganza.

- Vamos, vamos con ella. No la veo, ya no está, ¿sabes dónde está?

Él sonrió, entendí que lo hacía. Si venimos de la Colonia y la encontramos fácilmente, definitivamente sabría a dónde fue.

- Movámonos ahora, Raúl.

Estar nuevamente en esos campos, donde tanto jugaba con mis amigos, me hizo detenerme y mirar todo con añoranza. No podemos escapar del anhelo, sino más bien controlarlo; no debemos permitir que nos lastime y entristezca nuestros días. Cuando amamos a alguien, nos gustan ciertos lugares; es humano extrañarlos. Pero debemos luchar para no dejar que este sentimiento obstaculice nuestro crecimiento espiritual.

- Un día, Raúl, también extrañarás al Educandário, cuando salgas de allí. Incluso puedes estar encarnado y no sabrás exactamente lo que extrañas, es tu espíritu el que lo extrañará. Acostúmbrate a controlar este sentimiento ahora, dale más lugar en tu corazón al amor, deja que este sentimiento puro domine a todos los demás. Mira estos lugares y ámalos. No creas que los has perdido, piensa que los amas, amas mucho cada lugar, a cada persona, y el anhelo se hará más suave. Al aprender estamos haciendo nuestro presente y el futuro es esperanza.

Sonreí agradecido, hice lo que me sugirió, no fue difícil para mí, amaba todo, solo que no lo sabía, dejé que mi amor se desbordara y ya no lo extrañé más. Los acontecimientos materiales quedaron en el pasado, el presente era importante para mí y me llenaba la esperanza de poder ayudar a mi madre.

- Profesor – pregunté mientras caminábamos -, ¿hay muchas personas desencarnadas sufriendo como mi madre?

- Lamentablemente Raúl sí existen. Son los imprudentes que encarnados construyeron su casa, sus valores, sobre la arena, llega la muerte del cuerpo y todo parece haberse derrumbado para ellos, la ruina es grande. Todas las religiones aconsejan a las personas a seguir el camino del bien, del amor, pero el camino es angosto y, al no tener el valor de abandonar la vida fácil, las muchas ilusiones de la carne, cuando se desencarnan, sufren en el plano espiritual, ya sea por causa a las cosas malas que hicieron, ya sea por soberbia y egoísmo, ya sea por el bien que no hicieron y porque no tuvieron el valor y la confianza suficiente para perdonar las ofensas recibidas.

- ¡Lo siento por ellos!

- Son las malas obras, los malos actos, los que causan sufrimiento. Somos libres de elegir. Muchos sufren, pero el bien está en todas partes y nadie se queda sin ayuda si la pide con sinceridad, con la sincera intención de mejorar.

Nos acercamos a mi antiguo hogar; lo habían modificado, lo habían pintado recientemente, le habían construido un muro a su alrededor, le habían puesto una puerta. Mamá le había pedido muchas veces a mi papá que hiciera estos cambios, pero él respondía que así la casa estaba bien. Estaba más bonita ahora, me parecía más grande. El profesor me tomó de la mano, cruzamos el portón cerrado y la puerta de la casa, me pareció interesante.

- ¡Que bueno! - Exclamé -. ¿Puedo hacerlo de nuevo?

- Sí puedes. Nuestros cuerpos, ahora, Raúl, están hechos de materia enrarecida. Los cuerpos carnales y esta casa son de materia condensada. Nosotros, los desencarnados, podemos cruzarlo fácilmente, solo necesitamos ser conscientes de ello y querer hacerlo.

- ¿Mamá puede atravesar paredes?

- No, tu madre se cree encarnada y las personas encarnadas no cruzan paredes ni puertas cerradas.

Del salón pasamos a la cocina, donde encontramos a Negrita preparando la cena. Poniendo en práctica la lección del amor, la miré con gran cariño y deseé sinceramente su felicidad. Mi amiga encarnada suspiró aliviada, sonrió y continuó su tarea con más satisfacción. Fuimos a la habitación de mis hermanas. Telma y Taís estaban bien, con ropa nueva y muchos juguetes; pero me parecieron tristes, jugando en silencio, sentadas en el suelo.

- Tus hermanas están bien; Vamos, Raúl, lloran a tu madre en las escaleras que conducen al patio trasero. Mamá estaba sentada acurrucada en un rincón de las escaleras. Lloró y dijo: "Nadie me reconoce. Es porque estoy sucia y herida. Debería ir al doctor. Ni siquiera Negrita me habló. ¿Por qué? ¿Por qué? Fingieron que no me vieron. Debe ser eso, Manuel debe haberles dicho que estoy loca y que fui yo quien mató a Raúl. Debió inventar una buena historia para que no me hablaran. Todos deben tenerme miedo."

Miré al maestro, estaba orando en silencio y empezó a cambiar. Se cambió de ropa, parecía un granjero pobre. Se paró frente a mi madre, en las escaleras, y le habló con voz armoniosa y con mucho cariño.

- ¿Por qué lloras hija? Te duele mucho, ¿no?

Mi madre levantó la cabeza y lo vio; curiosamente, ella lo miró bien y preguntó:

- ¿Quién eres? No te conozco, nunca te he visto.

- Soy un peregrino. Camino por este mundo de Dios. ¿Quieres ayuda?

- ¡La quiero! ¿O eres tú quien la quiere? No tengo nada que darte y...

- No quiero nada señora, tengo todo lo que necesito.

- Siento que eres bueno. Pero, ¿cómo puedes ayudarme? No sé ni cómo empezar, sufro mucho.
Perdí a mi hijo hace unos días.

Mi madre había perdido la noción del tiempo; esos meses le parecieron días. Esto es común en los espíritus atribulados. El maestro, aparentemente amable, continuó hablando con normalidad.

- Sé evaluar el dolor de una madre. Todo es más fácil para quien tiene fe. ¿No cree usted en Dios, señora? Él es el Padre de todos nosotros, mío, tuyo, de tu hijito. No digas que lo perdiste, no somos de nadie, los niños no son propiedad nuestra, los guardamos por el tiempo que el Padre determina, algún día lo encontrarás. No esté así de triste, señora, venga conmigo, yo cuidaré sus heridas.

- No puedo ir, no debería salir de aquí, esta es mi casa. No solo lloro por su muerte. Todo es muy triste para mí. Mi pequeño hijo murió y fue su propio padre quien lo mató. ¿No te sorprende? ¿No crees?

- Yo lo creo, sí señora, sé que usted dice la verdad. ¿No crees; sin embargo, que solo se puede matar el cuerpo y no el alma? ¿Será que tu hijito vive en otro lado? - Mamá se relajó más, se enderezó, ignoró la pregunta del maestro y comenzó a hablar. Muy confundida, a veces no terminaba la frase, cambiando de tema, pero contaba su historia, revelando episodios que yo no conocía.

- Nací cerca de aquí, en una finca hermosa. Mi padre era muy enérgico y siempre estaba distante. Mamá, no, persona amable, me dio mucho cariño. Me prometieron en matrimonio, señor, estaba feliz. Pronto me enamoré de Manuel, mi prometido, y sentí que era correspondida. Faltaba poco para nuestra boda, cuando un día, al regresar de una visita a una mujer enferma, esposa de uno de nuestros empleados, fui atacada por un hombre; Sin poder reaccionar, fui violada. Me encontraron toda herida. Mamá me cuidó con cariño, mi padre quería saber quién era. No lo conocía, pero lo describí y fue a buscar al hombre con otros dos empleados; Al encontrarlo, lo mató de dos disparos de escopeta. No pudimos ocultar el hecho y pasé de víctima a marcado, como si hubiera cometido un error. Mi padre llamó a mi prometido y le contó todo; sin embargo, para mi alivio, todavía quería casarse conmigo. Mi padre ya no me hablaba, me evitaba, solo mi madre seguía tratándome como siempre. Dos meses después me casé. Pronto quedé embarazada y nació Raúl después de nueve meses de matrimonio. Manuel cambió conmigo, no era el novio prometido que conocí. No le gustaba su hijo, me torturó diciendo que era un pervertido y yo le juré que no lo era. Le dije: ¡hay niños de siete meses, pero de once meses no! Fue brusco y grosero conmigo. Ni siquiera miraba a su hijo y, si el niño lloraba por la noche, tenía que salir de la habitación. Cuando volví a quedar embarazada me asusté, pero Manuel actuó diferente, fue paciente con las niñas, incluso se levantaba en las noches para ayudarme a cuidarlas. Mi papá murió. Supe por mi madre que Manuel se había casado conmigo porque había recibido una rica recompensa, mi padre le pagó para que se casara conmigo, mi madre sintiendo pena por mi Raúl nos pidió que lo dejáramos con ella. Mi madre lo tomó y lo crio, Manuel nunca fue a verlo ni quiso saber nada de él.

Mi vida en esos años era más tranquila, hasta que mi madre murió y mi hijo regresó a casa. Manuel pronto mostró el enojo que sentía hacia él, comenzó a maltratarlo, a golpearlo, sin motivo alguno. Toda mi vida de casada lo intenté para complacer a mi marido; trabajé mucho, lo hice más rico y me trató cada vez peor. Hasta que se enamoró de otra, de una chica que se mudó con su familia a nuestra ciudad. La desvergonzada quería casarse, y él quería casarse, con miedo de perderla, se le ocurrió un plan. Empezó a tratarme mejor a mí y también a su hijo. Una tarde nos llamó a caminar, me apuñaló con un cuchillo, arrojándome a un pozo abandonado, y luego hizo lo mismo con mi propio hijo. Este pobrecito, no resistió y murió. Y, no satisfecho, ¿saben lo que hizo? Les dijo a todos que yo lo maté, que estaba loca, y todos huyen de mí, no me hablan solo tú. Escucho y estoy abusando, hablando, hablando."

- No hermanita, no estás abusando de mí, disfruté escuchándote. Necesitas ayuda. ¿No te acuerdas de Dios? ¿No rezas? ¿No recuerdas las enseñanzas de Jesús, ese gran misionero? Sufrió mucho, perdonó a todos y nos pidió que hiciéramos lo mismo. ¿Por qué no perdonas a tu marido? Raúl ya lo ha perdonado.

- ¿Raúl? ¿Cómo sabes el nombre de mi hijo?

- Tú mismo lo dijiste. Si era tan bueno como dices, un angelito, lo perdonó. La gente buena siempre perdona, haz esto, perdona también.

Mi madre se quedó callada por unos momentos, parecía pensativa. De repente se levantó y dijo:

- ¡La policía! ¡El comisario! Voy a denunciarlo, tendrán que arrestarlo. Ella se fue apresurada, ni siquiera se despidió, miré con tristeza al maestro y le dije:

- No sabía de esta historia, ahora entiendo por qué no le agradaba a mi padre.

- Tu madre dijo la verdad: tú, Raúl, en realidad eres hijo de Manuel. Este odio no es por eso, está ligado a tu pasado. Acompañémosla.

Mamá caminó rápido, la seguimos de cerca, repitiendo que tenía que avisarle al policía. Cerca de la comisaría, dos personas desencarnadas, con aspecto de pocos amigos, la rodearon sujetándola del brazo.

- ¡Ven aquí, belleza! - Dijo uno de ellos.

- Vamos a dar un paseo – dijo el otro -. Todos somos fantasmas.

Mamá estaba aterrorizada por su acoso y comenzó a luchar. El profesor Eugênio se acercó, los dos se miraron con recelo y huyeron.

- Está protegida por los buenos, ¡vámonos!

Mamá lloraba bajito, asustada, adolorida y débil, ya no quería ir más a la comisaría; lentamente, con la cabeza gacha, regresó a nuestro antiguo hogar.

EL LOCO

Mamá volvió a pararse en las escaleras llorando, nos acercamos a ella.

- Raúl, extiende tus manos sobre ella y piensa que quieres verla dormir tranquilamente.

Yo hice eso, y el maestro también; mamá dejó de llorar. Se calmó, se tumbó en el suelo y se durmió. El profesor Eugênio la levantó y la colocó en una cama que tenía en el sótano de mi antigua casa.

Entramos a la casa, mi padre estaba en la sala, tranquilo, parecía feliz, a su lado estaba una linda chica que intentaba cautivar a mis hermanas Taís y Telma, quienes la miraban recelosas y molestas.

- ¿Es ésta la mujer de la que habló mamá? ¿Le ayudó a matarnos?

- Esta es Margaret, la amante de tu padre, candidata a esposa. No es mala, solo ambiciosa y frívola. Ella no sabe nada, al principio sospechó de tu padre, porque él le pidió que dijera, si alguien le preguntaba, que pasó la tarde del crimen con ella. Explicó que sospechaba que su esposa lo engañaba y que la había seguido esa tarde. Sin embargo, pronto la perdió de vista. Pero después que arrestaron al "Loco", Margaret le creyó y se alegró mucho que Manuel estuviera libre, e hizo todo lo posible para que se casara con ella.

Margaret se levantó y fue a la cocina; la seguimos. Negrita lavó los platos; Margaret, tratando de ser amable, le dijo:

- Negra, ¿cuál es tu salario?

Negrita tartamudeó y dijo la cantidad con cierta timidez.

- ¡¿Solo eso?! Si me ayudas a agradarles a las chicas, me casaré con Manuel y te duplicaré el salario. Tendré otra criada para lavar la ropa y no haré delicias para la tienda, tu servicio disminuirá. Si haces lo que te pido, hablándoles bien de mí, te daré mi ropa, siempre te trataré bien.

- Sí, sí, señora.

Se fue y Negrita se secó las lágrimas que caían de su rostro, murmurando suavemente:

- No hace ni un año que murieron doña Manuela y el niño Raúl y ya está hablando de casarse. Si no hubieran detenido al Loco y me confesó, yo pensaría que fue él, el patrón, quien los había matado a los dos. Hasta el día de hoy no entiendo por qué doña Manuela dejó de hacer las tortas y salió con Raúl, nunca había hecho eso.

Abracé a Negrita con mucho cariño, le deseé tranquilidad y esperanza para el futuro. Después de unos segundos, el profesor me tocó el hombro.

- Vamos Raúl, vinimos a ayudar a tu madre, no debes preocuparte por ellos aquí. Negrita es amable y trabajadora. A Margaret le gusta más tener alguien que trabaje para ella, ella la complacerá a la Negrita para que ella hiciera eso. Para sus hermanas será una buena madrastra, las niñas son buenas, tu padre las ama y no permitirá que nadie las maltrate.

- Profesor Eugênio, ¿no tiene remordimientos? Es como si no le hiciera ningún daño.

- Quien hace el mal algún día recobrará el sentido, se acordará del mal hecho, llegará su turno.

- ¿Y se va a casar con Margaret?

- Sí, están enamorados.

- Profesor, es increíble cómo usted sabe todo, se enteró dónde estaba mamá, lo sabe todo.

- No creas, Raúl, que soy adivino. Nada es imposible. Anoche estuve aquí y tu abuela me dio la información precisa, analicé todo para ayudarte mejor.

Conocer todos los detalles y dónde se encuentra una persona no es difícil. Según me informó tu abuela, doña Margarita, tu madre solo se queda aquí y lo único que tengo que hacer es pensar en ella y localizarla fue fácil. Para los desencarnados nada es imposible, todo es trabajo y dedicación.

- Le escuché hablar dos veces del Loco. Arrestaron al loco que nos mató. ¿Quién es él? ¿Por qué está en prisión si no lo hizo?

- Tu madre dormirá horas, descansa, aprovechemos para conocer al Loco. Vayamos a prisión.

La prisión de la ciudad era pequeña y vieja, cuatro celdas, tres prisioneros, uno en cada una. No era un lugar agradable para visitar, no la conocía, nunca había estado en prisión. Ambiente triste y pesado, unos desencarnados allí estaban vampirizando con odio a uno de los presos por quitarse la vida física, no nos vieron, recordé la explicación del maestro: nuestra vibración era diferente. Entramos a una de las celdas, no había ningún desencarnado, allí había un hombre, sin afeitar, delgado, cabello rubio rizado, caminando de un lado a otro, inquieto.

La camisa abierta dejaba ver sus costillas, llevaba sandalias de cuero crudo y pantalones hasta las espinillas. Sus ojos azules parecían dos cuentas, hermosos, tristes, demostrando su agitación interior. Me compadecí de él, le pregunté a mi maestro:

- ¿Quién es este hombre?

- Éste es el Loco – respondió mi instructor –. ¿Es inocente?

- No tanto como piensas. Está mentalmente enfermo. Su espíritu culpable fue perturbado y al encarnar transmitió su perturbación a la materia.

El Loco empezó a hablar: "¡Los maté, los maté, les clavé el cuchillo, los maté!" - Me asusté cuando escuché lo que dijo.

- Este pobre hermano siempre dice eso, Raúl, lo repite todo el tiempo. Recuerda partes de eventos pasados. Sí, mató, pero no ahora en esta encarnación, sino en su otra existencia. Escuchémoslo, te contaré su historia, ¿quieres conocerla?

- Sí quiero.

El profesor Eugênio le dio un pase, vi rayos plateados salir de sus manos. El Loco se calmó, dejó de caminar, tomó un plato de comida que estaba sobre la mesa y se lo comió; luego se acostó en la cama y miró al techo con los ojos bien abiertos. Nos sentamos a su lado, mi instructor empezó a hablar:

- Juan Felipe, así se llama. En 1712 encarnó, fue funcionario de la Corte; imponente, orgulloso, se consideraba guapo, honesto y seguro de una brillante carrera, y esperaba pronto un ascenso que consideraba merecido y justo.

Un día, mientras estaba libre de servicio, andaba por el campo a caballo, admirando el camino arbolado que conducía a unas fincas, donde la gente adinerada tenía casas para pasar el verano, soñando con algún día vivir allí. De repente, un niño salió de entre los árboles que cruzaban delante de él. Su caballo se asustó, se encabritó y el niño, asustado, se detuvo también. Sin que Juan Felipe pudiera evitarlo, el caballo pisoteó la cabeza del niño. Finalmente logrando controlar al animal, se bajó del caballo, lo ató a uno de los árboles y se acercó al niño, percatándose que estaba muerto, su cabeza había golpeado una roca, además de las pisadas del caballo.

Estaba arrodillado junto al niño cuando escuchó un ruido. Se giró y vio que detrás del niño venían una mujer y una niña de unos seis años. La mujer estaba muy bien vestida. Cuando llegó al camino, se detuvo, asustad, luego se inclinó sobre el niño, que tendría unos tres años, empezando a llorar suavemente. Juan Felipe la reconoció, era la esposa de su comandante. Sintió frío en todo el cuerpo y exclamó: "¡Estoy perdido!" Trató de controlarse. Pensó rápidamente, no podía dejar que nadie dijera lo que veía. No tenía la culpa. Pero, ¿quién le creería? Y conocía bien al comandante, era vengativo y malvado. Sacó su cuchillo del cinturón y acuchilló fríamente a la mujer en la espalda. Quitándole el cuchillo, avanzó rápidamente hacia la niña, que estaba parada a unos pasos de distancia, sin entender lo que estaba sucediendo; incluso miraba para otro lado y ni siquiera vio morir a su madre. Clavó el cuchillo en el pecho de la niña, lo sacó y lo limpió en la ropa de la niña. Montó en su caballo y rápidamente regresó a la ciudad, dejando a los tres muertos en el camino. Tres horas después solo se hablaba de los crímenes cometidos y todos los agentes salieron a buscar al asesino o asesinos. Juan Felipe, de permiso, se presentó, como muchos otros, intentó calmarse y encabezó un grupo de búsqueda. Nadie había visto nada, los empleados de la casa, preocupados por el retraso de la señora y los niños, salieron a buscarlos, encontrándolos muertos luego de horas de búsqueda. Eso era todo lo que se sabía. Continuó la búsqueda del autor del atroz crimen. El grupo de Juan Felipe encontró a un enfermo mental sentado sobre una roca, era un vagabundo.

- ¡Es él! ¡Parece un asesino! - Gritó Juan Felipe, emocionado.

- Es simplemente un loco inofensivo - dijo uno de sus colegas.

- ¡Vamos a registrarlo!

Juan Felipe bajó del caballo y los demás estaban hablando. Se puso a revisar las cosas del pobre, que las miraba y reía, divirtiéndose. Juan Felipe, al ver que nadie lo miraba, con cuidado sacó el cuchillo de su bota, donde la había escondido, y, fingiendo haberla cogido de las pertenencias del débil, gritó:

- ¡Miren! ¡Miren lo que encontré! ¡Un cuchillo cubierto de sangre! ¿Fuiste tú, monstruo, quien mató a la mujer y a los niños?

El enfermo se rio. Le preguntó Juan Felipe, moviendo la cabeza de arriba a abajo y el loco lo imitó, pareciendo responder afirmativamente.

- Hombres, este es el asesino, dice, matémoslo, él tiene el cuchillo. Ya no hay duda, él es el criminal

Exaltó a sus compañeros y ellos le creyeron. Tomó una cuerda y la puso en un árbol.

- ¡Colguémoslo!

- ¿No es mejor llevarlo a prisión? - Dijo uno del grupo.

- Hay una recompensa y el comandante dejó muy claro que quería matar al asesino.

Salvemos al pobre padre de tener que matar a este monstruo. Colguémoslo nosotros mismos.

El enfermo se rio. Lo pusieron encima de un caballo, estaba encantado, pensando que jugaban con él. Le pusieron la cuerda al cuello, siguió riendo, hasta que la cuerda lo asfixió, miró asustado por los oficiales, y desencarnó. Los rescatistas inmediatamente lo desconectaron de su cuerpo y lo llevaron a un Puesto de Socorro, donde fue guiado, perdonando y entendiendo que había rescatado errores de su pasado.

El grupo recibió la recompensa. Juan Felipe, por haber descubierto al asesino, fue felicitado por el comandante, que se sintió devastado por la muerte de su esposa e hijos. Juan Felipe pronto fue ascendido.

El asunto quedó olvidado, pronto ya nadie comentaba más sobre el caso. Juan Felipe trató de apaciguar su conciencia, pensando siempre que hubiera sido mejor que el débil hubiera muerto, que dejara de sufrir. Y que no debía la culpa de la muerte del niño era que él había cruzado el camino delante de él, y que había que matar a la mujer y a la niña, para que él no sufriera daño, de lo contrario lo habrían ahorcado. No tenía paz, siempre estaba inquieto, amargado, descargaba su descontento con sus subordinados. Se convirtió en un comandante duro y despiadado. No se casó, no le podía gustar nadie, incluso podría haberse comprado una casa en aquellos lugares que tanto deseaba, prefería otro lugar. Nunca volvió a caminar por el lugar del crimen. Su ex comandante siempre pensó que le debía un favor, lo ayudó mucho. La mujer, una buena persona, y los niños que fueron asesinados pronto fueron ayudados y perdonaron, creciendo espiritualmente. Años más tarde, su ex comandante falleció y, al conocer la verdadera historia, se volvió hacia él con un odio feroz. Obsesionó a Juan Felipe que, poco a poco, perdió la razón, fue apartado de su cargo y acabó loco. Uno de sus hermanos vino a cuidarlo, se apoderó de sus bienes y lo encerró en un sótano, donde vivió dos años y falleció. Pero su obsesor no terminó su venganza, lo sacó de su cuerpo carnal, lo llevó a las cuevas y lo maltrató mucho. La mujer y los hijos del obsesor hicieron todo lo posible para que perdonara y cambiara de vida, hasta que un día, cansado de sufrir, desistió de vengarse y se retiró con su familia...

Bueno, querido Raúl, la venganza es como dice el dicho popular: es un arma de doble filo. Te haces daño y si te hacen daño, sufres, pero sufres. Juan Felipe se quedó solo, se sintió un poco aliviado con la ausencia de su enemigo y poco a poco recordó su vida, sus errores. El remordimiento lo carcomía y aumentaba con el tiempo, hasta que se arrepintió sinceramente. Lloró mucho, pidió perdón a Dios y clamó pidiendo ayuda. Piadosos salvadores lo llevaron a un Puesto de Socorro, se sintió perturbado; si todos lo perdonaban, él no se perdonaba a sí mismo.

Juan Felipe no podía aceptar haber sido tan malo, sentía que era despiadado – gritaba angustiado.

Nosotros, Raúl, debemos perdonar siempre a todos y a nosotros mismos; las malas obras nos pertenecen, como las buenas; nadie quita la vida física a otro y queda impune. Habiendo reconocido el error y lamentándonos, no debemos cultivar el remordimiento destructivo, sino la firme intención de hacer las cosas bien y reparar nuestros errores. Con tratamiento y muchos consejos, Juan Felipe mejoró y pidió reencarnar. Quería olvidar, saldar sus deudas, que para él eran inmensas.

- ¿Y no lo eran?

- Sí, Raúl. Te recuerdo; sin embargo, que todos estamos o hemos estado necesitados de perdón, no debemos centrarnos solo en nuestros errores y ser pesimistas. Debemos ser optimistas y aprovechar las oportunidades que se nos brindan para superarnos y ayudar a quienes hemos perjudicado o a quienes nos rodean. El amor, como Jesús enseñó a Pedro, cubre multitud de pecados; debemos cultivar, fortalecer la esperanza en la construcción, el logro y el crecimiento hacia el progreso.

Juan Felipe regresó, encarnó con padres pobres y humildes, sufrió privaciones con resignación, pero su espíritu no perdonó, y ya siendo adolescente logró transmitir a su cerebro físico algunos recuerdos, los principales, de sus errores. Se trastornó, adquiriendo una enfermedad mental. Se fue de casa, su familia incluso sintió alivio, y caminaba de un lugar a otro, rogando por sobrevivir. Estaba de paso cuando ocurrió el crimen, lo encontraron cerca de pozo diciendo que había matado, que había apuñalado, no estaba ensangrentado, no encontraron el cuchillo, pero lo detuvieron.

Lo interrogaron muchas veces, intentaron que dijera más, pero él solo repetía que había matado. Cuando el interrogatorio se prolongó, gritó: ¡Los maté, los corté con el cuchillo!

Al no tener otro sospechoso, tomaron en cuenta su confesión, dejaron de atormentarlo y, como nadie sabía su nombre y él no lo decía, lo apodaron el Loco, y sería encarcelado hasta su muerte Raúl, por un delito que no cometió en esta vida, sino por lo que hizo en el pasado y no pagó. Estar preso no es fácil y muchos con resignación saldan sus deudas, encarcelados. Juan Felipe se escapó de su responsabilidades y culpó a otro, hoy le está sucediendo lo que hizo en el pasado.

Las Leyes Divinas son muy justas y podemos ser conscientes de ello, conociendo la Ley de Causa y Efecto. Nadie puede decir que su sufrimiento es injusto, como no lo es el de Juan Felipe.

El maestro guardó silencio y pensé en mi padre, lo que había hecho no era diferente de Juan Felipe; pregunté preocupado:

- Maestro, ¿qué será de mi padre?

- Tendremos que dar cuenta de nuestras acciones algún día. Agravó sus errores al permitir que una persona inocente pagara en su lugar. Pagará centil por centil, como nos dijo Jesús, ya sea por amor o por dolor; no te preocupes por él ahora, como todos nosotros, tendrá oportunidades de rescate en esta vida o en otras.

Sentí mucha pena por Juan Felipe, el Loco; pasé mi mano por su cabello y quise ayudarlo.

- Raúl, deséale calma, paz, tranquilidad y dale amor.

Deseaba ardientemente que olvidara sus errores, su pasado culpable y que ahora, rescatado, sintiera paz. Recé fervientemente el Padre Nuestro.

Juan Felipe se calmó y se durmió plácidamente, con el rostro relajado, suavizando la expresión.

- ¡Duerme tranquilo! Tú, Raúl, lo ayudaste con tu cariño. Oremos siempre para que salde sus deudas con resignación, porque sufre la reacción de sus acciones por su propia elección. Que él, al fallecer, sienta la paz tan necesaria para nuestro progreso y tenga la conciencia tranquila para comenzar nuevamente nuestra existencia en el plano espiritual.

Era la primera vez que ayudaba a alguien; sentí una alegría infinita, recordé los comentarios que siempre aparecían en el colegio: *"Quien lo hace por otro, lo hace por sí mismo."* Con confianza, le sonreí a mi maestro y no pude contener las lágrimas que, en abundancia, corrían por mis mejillas. Salimos de allí.

EL PERDÓN

- Volvamos con Manuela - dijo el maestro.

Era más de medianoche; mamá dormía de la misma manera que la dejamos. El maestro le dio un pase. Se despertó, no nos vio, se sentó en la cama. La sintió subir y entrar a la casa; así lo hizo. Pasó por las puertas cerradas con la ayuda de mi maestro y ni siquiera se dio cuenta. La llevamos al baño de las niñas, quienes dormían una al lado de la otra. Mamá se detuvo frente a las camas y las observó con gran amor.

El profesor Eugênio fue hasta Taís, le dio un pase, la tomó de la mano, la llamó suavemente y con cuidado sacó su espíritu de su cuerpo, quedando conectado solo por un cordón. Taís miró su cuerpo dormido, sonrió, miró alrededor de la habitación, vio a su madre y se sobresaltó.

- ¡Madre! ¿Por qué estás aquí? ¿No deberías estar en el cielo? ¿Por qué está toda sucia? Tú moriste, besé tu cuerpo frío y fétido. ¿No estás con la abuela? ¿Y Raúl? Murieron juntos ¿Qué haces aquí? ¿Quieres oraciones?

Taís habló rápidamente, cada vez más asustada y temerosa. Mamá se quedó quieta, no pudo decir nada, miró a Taís con admiración y asombro. Mi hermana quería llorar, estaba temblando por todos lados. El profesor Eugênio se acercó a Taís, le dio un pase de paz, de tranquilidad y lo hizo regresar a su cuerpo. Nosotros, al igual que mamá, veíamos a Taís como dos, su cuerpo y su espíritu; Mamá se sorprendió al ver esto y, según lo que escuchó, salió corriendo de la habitación. El maestro se quedó con Taís y la tranquilizó con pases, hasta que se calmó.

- Taís está bien, Raúl, no debería recordar ese dato. Si lo hiciera, sería triste para ella recordar a su madre en este estado.

Fuimos a encontrarnos con mamá, ella volvió a las escaleras. El profesor volvió a hacerse visible ante ella y me recomendó:

- No interfieras Raúl, quédate cerca, reza, vibra, volveré a hablar con ella.

Me paré a dos pasos de ella y oré con fe, le pedí a Dios que nos inspirara e hiciera que mi maestro la convenciera, la adoctrinara. El maestro le habló tranquilamente:

- Hija, ¿sigues aquí?

Mamá se asustó y quiso huir. Luego reconoció al confidente que había conocido esa tarde, volvió a tranquilizarse y no respondió. En esto, mi padre pasó en espíritu,

Desconectado por el sueño físico, debajo de las escaleras. Estaba tranquilo, parecía caminar. Mamá se escondió en las escaleras.

- ¡Es él! No quiero que me vea. ¡Tengo miedo!

- ¿Cómo quieres vengarte de él si le tienes miedo?

- Nos mató y puede volver a matar.

- ¿Estás muerta entonces?

- No lo sé, es muy confuso. Primero siento la presencia de mi madre, que murió hace tanto tiempo. Entonces vi a mi Raúl, mi amado hijo que murió. Aquí nadie me habla, parece que ni siquiera me ven. Recién ahora mi hija cumplió dos años, una acostada en la cama y la otra estaba como yo, me habló, dijo que morí. Pero me ves, ¿no? Hablas conmigo.

- Sí, te veo y te hablo, somos iguales, mira con atención. Sin embargo, no somos iguales que Negrita, Taís o Telma. Hay una diferencia.

Mamá pensó por unos momentos, acurrucada en su rincón.

- ¿Estás muerto?

- Mi cuerpo murió hace mucho tiempo, yo estoy vivo, somos eternos. El espíritu sigue viviendo sin el cuerpo físico.

- ¿Yo también morí?

- Sin embargo, estás hablando, sufriendo y llorando. Estás viva por el espíritu. Tu cuerpo murió al caer al pozo y no te diste cuenta, por el odio que sentías.

- ¡Oh! ¡Qué malo es morir!

- Tener un cadáver no es malo, es malo tener sentimientos de odio, rencor y vicios como compañía.

Mamá lloró. Esta vez su llanto fue diferente, fue de alivio, de tristeza, sin dolor. Sus lágrimas fueron como un bálsamo y el maestro esperó pacientemente a que llorara durante unos buenos minutos.

- Manuela, ¿no recuerdas las enseñanzas de Jesús? Nos dijo que todo lo que pidamos con fe lo recibiremos. ¿Qué quieres, hija?

- Desde que morí y mi hijito también, quería estar con él.

- Raúl perdonó y olvidó todo el daño que le hizo su padre. Si quieres estar con él, deberías hacerlo también.

- Perdonar, no lo sé. Manuel fue muy cruel con nosotros. Ayúdeme, señor. Morir me parece tan extraño, tengo miedo, mucho miedo. No quiero ser así.

- Hija, el perdón es importante, está en la oración dominical, en el Padre Nuestro, oración enseñada por el mayor Maestro que encarnó en la Tierra. Oremos, oremos juntos.

El maestro oró con tanta convicción y fe que me emocioné y no pude contener las lágrimas nuevamente; mamá lo acompañó en la oración, encantada. Por primera vez después de su muerte se sintió mejor, su herida dejó de sangrar. Cuando terminó, dijo emocionada:

- ¡Qué hermosa es esta oración! Dígame señor, si no castigo a Manuel, ¿quedará impune? Creo que debería recibir un castigo, no tanto por mí, más por mi Raúl.

- Doña Manuela, somos dueños de nuestras acciones. El bien que hacemos son tesoros que adquirimos, nadie nos los quita, así como el mal permanece dentro de nosotros y un día tendremos que dar cuenta de ello al Padre Mayor. Nadie tiene derecho a vengarse, a hacer justicia; la venganza es una acción maligna que no deja de reaccionar. El sufrimiento le llegará a tu marido y le hará arrepentirse, pero no te corresponde a ti castigarlo. Si no perdonas, pensando en Raúl, estás equivocad; Raúl está bien, está feliz, porque ha perdonado y no quiere ningún daño para su padre.

Mamá vacilaba, oré con fe, le pedí a Dios fortaleza para ella. Recordé que pude ayudar al Loco y que podía ayudarla a ella. La miré fijamente, extendí mis manos sobre ella y deseé que ella perdonara, que quisiera venir con nosotros. Emocionado vi a mi madre arrodillarse, miró al cielo, cubierto de estrellas en ese momento, juntó las manos, habló en voz alta, con ritmo. Esta vez, con secuencia, con sentimiento:

- ¡Oh Jesús! ¡Oh, mi Padre Celestial! Si muero, quiero ir al lugar donde van los muertos. Quiero estar con mi pequeño hijo. Perdona mis errores, perdono a mi marido, perdono y quiero ser perdonada. Padre Nuestro que estas en los cielos...

Rezó el Padre Nuestro, sollozando suavemente; Cuando terminó, el maestro extendió las manos.

- Hija, tu petición es sincera y justa, te ayudaré. Mantén la calma, descansa, duerme, te llevaré con tu hijito; cuando despiertes, estarás con él.

Mamá, cansada, se durmió tranquilamente, todavía de rodillas, sostenida por él, mi maestro y amigo, la levantó como si fuera una simple bebé.

- Vamos Raúl, apóyate en mí y volvamos a la Colonia.

Ahogado por la emoción no pude decir nada, besé a mi madre en la frente y nos fuimos. En la Colonia, el maestro dejó a mamá en el hospital, ella se quedaría en una sala para recuperarse.

- Raúl –me dijo – te comportaste con valentía. Volvamos a nuestras tareas, yo con mis clases, tú con tus estudios. Manuela dormirá un rato, recuperándose. Sus heridas han sanado y, cuando esté a punto de despertar, te avisarán a ti y a doña Margarita que estén con ella. Ahora vete a casa, descansa y cuéntale a tu abuela el éxito de nuestra ayuda. Tengo que ir a verte pronto.

Se fue rápidamente, traté de agradecerle, pero ya se había ido; llegué a casa, la abuela me estaba esperando, la abracé felizmente y le conté todo. Lloramos agradecidos y conmovidos.

- ¡Qué sabio y amable es mi maestro! - Exclamé.
Quiero ser como él.

- Sigue su ejemplo, nieto mío. Si estudias y trabajas duro, podrás ser como él.
Me alegra mucho que quieras crecer y ser útil.

Al día siguiente, en clase, todos me miraron con curiosidad, adivinando por mi alegría que todo había salido bien. Después de la oración inicial levanté la mano pidiendo la palabra, con permiso narré todos los acontecimientos y terminé así:

- Ya le agradecí al Padre Celestial. Aquí en la clase hice un pedido y es ante ustedes que quiero agradecerles. Agradecer al maestro, que hizo todo con su trabajo y hace más, nos enseña con su ejemplo. Sin su ayuda, no podría hacer nada; gracias a Dios mamá ya está descansando aquí y yo estoy muy feliz. Quiero agradecerles a ustedes, mis colegas, por ayudarme con sus consejos y por animarnos. Profesor Eugênio, muchas gracias y... - Jadeé de emoción y el maestro concluyó:

- Continuemos nuestra clase y dejemos que los hechos que involucraron a Raúl nos sirvan de ejemplo. Debemos perdonar siempre, infinitamente, a todos y olvidar todo mal.

Había pasado un tiempo, todo había vuelto a la normalidad. La abuela con su trabajo, yo, atento, cada vez más interesado en mis estudios. Había ido a ver a mi madre por un momento; en ocasiones dormía, al principio un poco agitada, luego se calmaba y, con el tratamiento que recibió, sus heridas desaparecieron.

La abuela y yo estábamos advertidos que mamá estaba a punto de despertar. Fuimos a su lado. Con la ayuda de un médico desinteresado, mamá se despertó suavemente. Abrió los ojos y se miró, se palpó, luego miró a su alrededor y nos vio.

- ¡Raúl, mamá! - Exclamó emocionada.

Los tres nos unimos en un conmovedor abrazo, lloramos felices. Con gran cariño sequé las lágrimas del rostro de mi madre.

- ¡No lloremos más! - Exclamé -. Alegrémonos, ahora estamos juntos.

- ¿Dónde estoy, Raúl, qué es este lugar?

- Recuperándonos de los sobresaltos sufridos, en un lugar de fraternidad – respondió la abuela -. ¿Cómo te sientes, hija mía?

- Me siento bien. Raulito, mi querido hijo, ¡qué hermoso estás!

La abuela llevó la conversación hacia temas agradables, recuerdos felices, pronto estábamos sonriendo, disfrutando la alegría de estar juntos.

La dejamos dormir nuevamente.

Desde que trajimos a mamá pensé mucho en el pasado, en la Ley de Causa y Efecto, Acción y Reacción. Medité sobre todos los acontecimientos de mi vida y entonces sucedió algo extraño, me vi como otra persona, con otro aspecto, físicamente diferente; pero sabía que era yo. Eran imágenes que aparecían en mis pensamientos del pasado, en las que planeaba un crimen con odio y rencor, y lo ejecutaba. Ese día, en clase, comenté:

- He estado teniendo visiones extrañas, creo que son de mi pasado, siento que soy yo, pero con una fisionomía diferente. Me veo planeando un crimen, un asesinato. Creo que la acción que tomé resultó en una reacción en esta encarnación. Y siento que en mi pasado también están mamá y papá. Quizás sea en el pasado donde encuentre las respuestas a tanto odio hacia mi padre. Estuve pensando, profesor Eugênio, que mamá y yo estaríamos mejor si pudiéramos entender. ¿No es cierto que necesitamos comprender para perdonar?

- Raúl, no hace falta entender motivos para perdonar. Perdonar es un acto de amor. Jesús sufrió aquí con nosotros encarnado y no fue por reacción, sino que sufrió para consolidar y hacer fructificar sus enseñanzas. Sin embargo, comprendiendo la pequeñez humana, dijo que sus verdugos no sabían lo que hacían y los perdonó. En cuanto a ti, por ahora recordar el pasado no es bueno. Estas visiones en realidad son de otra existencia tuya. Recordar el pasado no es para todos, no es fácil recordar nuestros errores, para eso necesitamos recuperarnos. Porque recordar los buenos hechos es agradable, pero los errores y los crímenes no. Pero, queridos alumnos, el pasado está dentro de nosotros, el espíritu no olvida. En el cuerpo de un niño somos bendecidos con un nuevo comienzo, con un olvido temporal, pero aun así siempre tenemos vagas intuiciones de otras existencias. Se trata de fobias, de personas que nos desagradan, de otras que amamos inmediatamente, la sensación de conocer lugares, de saber hacer cosas que nos eran desconocidas en esas vidas, etc. Hay personas que recuerdan más, a veces vidas enteras, personas, lugares, errores y aciertos. Los recuerdos espontáneos de espíritus equilibrados son demostraciones de madurez. No todos los desencarnados recuerdan sus otras existencias; No todo el mundo es capaz de recordar, muchos no pueden y otros no quieren. A veces por el momento el pasado no nos trae nada bueno, porque debemos aprovechar el presente y tener esperanza en el futuro. El concepto que basta desencarnar para saber todo sobre el pasado es erróneo.

Para ello, necesitamos ser capaces de afrontar la realidad, que puede implicar errores, o recordar ayudarnos a nosotros mismos o ayudar a los demás. Cuando llega de forma espontánea, Raúl, es porque ha llegado el momento y sabemos que hay algo que hacer para reparar el pasado.

- ¿Se acordó del Loco? -Yo pregunté -. ¿Qué le sucedió?

- Juan Felipe no recordaba con equilibrio, solo pasó el crimen cometido a su cerebro físico y quedó en su mente, como un disco defectuoso. Hay muchos encarnados que se desequilibran con los recuerdos de su pasado criminal, llegando a veces a enfermarse mentalmente. Algunos viven el pasado y el presente en una confusión desorganizada y dolorosa. Como Juan Felipe no se perdonó, se trastornó y enfermó. Recordó el pasado, pero solo lo que más lo marcó. No es el caso de las personas equilibradas que, conociendo su pasado, al recordar sus errores, entienden que el sufrimiento es la cura que necesitan o un gran incentivo para hacer el bien, reparando los errores del pasado con amor y caridad. Cualquiera que sepa que es deudor también sabe que hay mucho que hacer para enmendar el daño.

El maestro continuó:

- Pero, alumnos míos, no deberíamos querer saber del pasado solo por curiosidad o para conocer nuestros errores. Tenemos errores en el pasado, pero también tuvimos aciertos, afecto; no debemos centrarnos solo en los errores, para todos hay reparación, ya sea a través del amor o del dolor, un amigo sabio que nos hace regresar a Dios. Conocer nuestros errores y amargarnos es una imprudencia, puede llevarnos al autocastigo, como lo hizo el Loco. Y es posible que ya los hayamos rescatado.

- Tiene razón profesor – intervino Jofre -. Tiago ya pagó por sus errores y es posible que Raúl también haya pagado. Su muerte violenta pudo haber sido una reacción a una acción malvada.

El maestro sonrió, todos habíamos aprendido la lección. Pensé: "Recordar mi pasado puede ser doloroso, los asesinatos me parecieron muy tristes y podría haber sido un asesino en el pasado. Necesitaría poder afrontar este hecho."

Aproveché para hacerle al maestro una pregunta más sobre el tema:

- Profesor, ¿me perdonaría aunque supiera que he sido un delincuente? ¿No podré hacer como Juan Felipe?

- Raúl, muchacho, el perdón, como nos enseña Jesús, es para todos, también para nosotros mismos. El remordimiento no debe ser negativo, nuestro arrepentimiento debe ser positivo, no auto castigador, sino reparador, edificante. Debemos saber perdonarnos a nosotros mismos, enmendar nuestros errores; hacernos el propósito de mejorarnos a nosotros mismos, de ayudar, si es posible, a aquellos a quienes hemos perjudicado. Si no lo necesitas, ayuda a otros que están sufriendo. Tú, Raúl, debes poner en práctica las enseñanzas recibidas y comprender que quien sinceramente desea el perdón, es perdonado. Si perdonaste a todos, te perdonarás a ti también, y piensa en lo que dijo Jofre: ¡tal vez ya hayas pagado por lo que hiciste! Piensa también si quieres o no recordar todo tu pasado. Las decisiones importantes deben ser consideradas y pensadas.

- Así lo haré profesor, pensaré en todos los ejemplos que se narraron aquí y en todo lo que usted nos contó.

Pasaron los días, oré mucho y pensé mucho. Todavía no había llegado a ninguna conclusión, solo tenía cada vez más recuerdos del pasado. Mamá estaba mejorando poco a poco, la abuela me dijo que había perdido mucha energía durante el tiempo que estuvo deambulando y que pasaría algún tiempo en el hospital. Iba a visitarla todos los días, hablábamos mucho de cosas. Ese día la encontré triste, pensativa, sentada en el jardín del hospital. Me acerqué, abrazándola.

- ¿Eres tú, hijo mío?

- Tu bendición, querida madre.

- Es muy bueno verte.

- Estás triste, mamá. ¿Por qué?

- Aquí te tengo a ti a quien adoro, pero ahí están tus hermanas, Negrita, mi hogar. Las extraño y me preocupo por ellas. Manuel se casará y mis hijas tendrán madrastra, ¿qué será de ellas?

- Mamá, Margaret no es mala, Taís y Telma ya son grandes y Negrita estará con ellas, ayudándolas. Papá las quiere mucho y no dejará que nadie las maltrate.

- Eso es lo que no entiendo, ¡¿cómo puede un hombre lúcido, inteligente como Manuel hacer tales distinciones entre sus hijos?! Él las ama mucho a ambas y no te ama a ti.

- Mamá, antes de ser víctimas pudimos haber sido verdugos. Mi padre no podía amarme, pero eso no debería preocuparte. Regocíjate y esfuérzate por mejorar. Las chicas estarán felices.

Cambié de tema, lo distraje. Me despedí de ella con un beso y una certeza: el pasado estaba dentro de mí, ya no podía escapar de él, quería recordarlo. Me sentí aliviado por la decisión que había tomado y oré con calma.

EL PASADO

Hablé esa tarde, después de terminar las clases, con el profesor Eugênio, en privado, en los agradables jardines del Educandário.

- Profesor, quisiera que me ayudara, quiero recordar mi pasado. Siento que tengo que hacer algo para enmendarme y no sé qué es. Mamá a veces se pone triste, no puede entender el odio de mi padre. Y he estado pensando: ¿no me corresponde a mí acabar con este odio? ¿No fui yo quien cometió más errores? Me preocupaba mamá cuando deambulaba, ella era la víctima. ¿No debería preocuparme también por nuestro verdugo?

- Raúl, piénsalo. Nuestra intuición siempre nos muestra la mejor solución a seguir. Si eso es lo que quieres, te ayudaré. Iré al Departamento del Ministerio de Reencarnación, fijaré un día y una hora para que te ayuden a recordar.

En la siguiente clase, el profesor me dio una tarjeta de presentación. Me recibirían en la sección encargada dos días después; esperé tranquilamente, estaba seguro que eso era lo que debía hacer. A petición mía, me acompañó el profesor Eugênio.

Ya conocía el Ministerio de la Reencarnación, recorriendo allí con mis compañeros. Estaba rodeado de hermosos árboles y elegantes parterres de flores. Me impresionó mucho el gran edificio de estilo clásico. Siempre había mucho movimiento, en la recepción entraban y salían varias personas.

El profesor me llevó al ala izquierda, donde cruzamos un pasillo y entramos en una habitación. Me sorprendió, solo nosotros dos esperábamos. El profesor Eugênio, conociendo mis pensamientos, me instruyó:

- Este departamento tiene horarios, llegamos unos minutos antes. Aquí no se pierde el tiempo con esperas inútiles. Pronto nos atenderá el Dr. Sallus, un trabajador de este departamento. Encarnado, el Doctor Sallus fue médico y se dedicó a la psiquiatría, estudió e investigó mucho sobre la reencarnación. Ahora, desencarnado, continúa su estudio e investiga con gran dedicación y te ayudará a recordar tu pasado.

En la pared de la habitación, había un cuadro enorme que mostraba la pintura de varias existencias encarnadas de un espíritu. Lo analicé y lo encontré muy hermoso.

- ¡Buenas tardes!

Era Sallus, muy amable, saludó con alegría al profesor Eugênio y luego a mí.

Los tres entramos a una cómoda habitación contigua a aquella en la que estábamos esperando. No era una decoración grande y sencilla, con algunos jarrones de flores. La luz era escasa, casi en la sombra.

Había un escritorio y, en un rincón, un sofá, donde se sentó mi profesor. El doctor Sallus me hizo sentir cómodo en un confortable sofá y se sentó a mi lado en un taburete.

Frente a mí había una delgada pantalla de unos veinte centímetros de diámetro. Conocía estas pantallas que siempre utilizamos para proyectar imágenes, todavía recuerdo el comentario que escuché cuando vi una de ellas por primera vez: "Pronto, en la Tierra, inventarán algo similar que transportará imágenes a través de las estructuras construidas, canales, será una mejora respecto al cine."

Tenía ganas de empezar y el Dr. Sallus me explicó pacientemente:

- Raúl, hay muchas maneras de recordar el pasado. Solo necesitas un poco de ayuda, ya que recordarás los hechos por tu cuenta.

Creo que lo recordarás normalmente. Las escenas que viviste, grabadas en tu memoria, aparecerán en la pantalla. Ahora relájate y muestra lo que quieres recordar. No debes emocionarte, si eso pasa, tendremos que parar y empezar de nuevo otro día. Si mantienes la calma, hoy recordarás todo.

El doctor Sallus habló con calma, dándome instrucciones a seguir; me relajé y mis existencias vinieron a mi mente con claridad, proyectando las imágenes en la pantalla. Pero ni siquiera necesitaba verlas, estaban en mí, aparecieron en mi mente como si todo hubiera sucedido hacía apenas unas horas. Hubo errores, aciertos, rechazos al llamado del bien. Las últimas tres encarnaciones fueron importantes para mí. - Todos los involucrados tenían nombres diferentes, pero para facilitar la narración, daré los mismos nombres conocidos.

Estábamos en una banda de ladrones. Allí conocí a Manuel y nos llevamos bien. Realizamos pequeños robos, viviendo más como vagabundos y mendigos. Algunas mujeres vinieron a unirse a nosotros, entre ellas una muy hermosa, Manuela. Ambos nos enamoramos de ella. Manuela no respondió, jugó con nosotros. Tuvimos muchas peleas por ella y nació el rencor.

Desencarnamos y permanecimos erráticos, errantes; amablemente, los benefactores nos llevaron a reencarnar.

Nacimos de nuevo en Inglaterra, en 1615. Manuel era hijo de un granjero y yo era un simple empleado. Aunque teníamos la misma edad y vivíamos cerca, no éramos amigos, incluso nos evitábamos. Con la muerte de sus padres, Manuel, siendo muy joven, heredó la finca. Un día, para sorpresa de todos, regresó casado de la ciudad donde había ido a negociar. Manuel era gordo, feo y yo nací con un defecto en la pierna derecha y cojeaba. Cuando era niño, me golpeé el ojo izquierdo con una piedra y quedé ciego de ese ojo, que se volvió blanco, dejándome bastante feo en esa encarnación.

La esposa de Manuel, mi jefe, se llamaba Manuela, no era bonita, delgada, muy rubia, rápidamente demostró que era frívola, vaga, no tenía modales y reía escandalosamente. Cuando la vi, mi corazón latió con fuerza y sentí que la amaba y la deseaba. Empecé a seguirla siempre que podía y la miraba mucho. Manuela pronto notó mi interés, le gustaba sentirse admirada, o tal vez por la conexión del pasado comenzó a responder a mis miradas, haciéndome sufrir, porque yo, indeciso, no sabía qué hacer. Así pasaron los años. A Manuela le gustaba estar bien arreglada, gastaba mucho en ropa y Manuel no era buen administrador; su situación financiera comenzó a decaer. Siempre los oía pelear, pensaba que Manuela era infeliz y que me amaba. Sin embargo, nunca tuve el valor de acercarme a ella para una conversación más íntima.

Manuel, al darse cuenta que amaba a su esposa, empezó a exigirme que trabajara más y me pagaría menos. El administrador y yo nos encargamos de todo. Envidiaba a mi jefe, comencé a sentir enfado con él, que poco a poco se transformó en odio. Podría haberme ido, haberme alejado, pero no quería dejar de ver a Manuela.

Un día, mi jefe, al ver que su esposa respondía a mis miradas, se puso furioso; Después de discutir con ella, vino a mi encuentro. Transportaba piedras en una carretilla. Cuando lo vi enojado yo también me emocioné y discutimos, intercambiamos insultos. Manuel nunca me había visto vengarme de sus insultos, se molestaba mucho y me empujaba fuerte; me caí y me golpeé la cabeza con la esquina del carro, desencarnando al instante.

Manuel estaba triste, no había querido matarme. Muy molesto, les dijo a todos que yo había muerto de un infarto. Mi muerte fue considerada un accidente. Mi desencarnación me confundió mucho. Cuando tomé conciencia de mi condición, regresé a la finca, cerca de Manuel, a quien comencé a odiar aun más.

Encontré el ambiente adecuado: Manuel y Manuela no tenían religión, se peleaban mucho y él tenía muchas deudas. Yo también comencé a odiarla, porque veía cómo era ella realmente, no le agradaba nadie y se había burlado enamorada del empleado cojo. Manuela estaba más débil y era más fácil vampirizarla, ella me obedecía más. Me quedé con ellos muchos años, ayudé a Manuel a perder la suerte, estaban en la pobreza y no tenían paz, peleaban todo el tiempo.

Desencarnaron. Entendiendo que le había hecho mucho daño, se volvió contra mí y comenzamos a pelear furiosamente en el Umbral. Años después, cansados, desilusionados, fuimos ayudados, después de cierto tiempo supimos que volveríamos a reencarnar, que seríamos hermanos carnales, teniendo así la oportunidad de ser parientes y reconciliarnos, poniendo fin a los desacuerdos. Inglaterra volvió a ser nuestra patria. Encarnaríamos, éramos hijos únicos de una familia de buenas costumbres y muy religiosa. Nuestra madre era amable e hacía todo lo posible para calmar nuestras peleas, que teníamos desde pequeños. Crecimos y, por mucho que nos motivaran nuestros padres, no éramos religiosos y disfrutábamos de la fiesta y la bebida. Manuel era dos años mayor, empezó a salir con una chica de mediana situación económica, se casó siendo joven y pronto tuvo tres hijos. Seguí soltero y siempre tuve muchos amigos con quienes divertirme. Cuando Manuel se casó nos llevamos mejor, se fue a vivir con su suegro, a una finca cerca de la ciudad. Poco después de casarse, su suegro murió y comenzó a administrar toda la granja, plantando verduras y frutas, lo que le permitía ganar mucho dinero. Nuestro padre era herrero y yo trabajaba con él.

En esta época, una familia se mudó a nuestra ciudad con una hija llamada Manuela.

Inmediatamente me enamoré de ella, comencé a cortejarla y ella respondió. Pensé por primera vez en salir y casarme. Pero mi hermano la conoció y también se enamoró de ella. Manuela, frívola, respondió a su noviazgo, a pesar de saber que mi hermano estaba casado y tenía hijos.

El odio reapareció y empezamos a atacarnos y a pelearnos. Mis padres sufrieron mucho por nuestras desavenencias y mi cuñada, una persona buena y honesta, empezó a sospechar. Mi madre fue a hablar con Manuela, quien cínicamente le dijo que no amaba a nadie y que estaba feliz y orgullosa de tenerlos a los dos peleando por ella, que no había decidido con quién iba a estar. Mamá lloraba mucho, a veces.

Odiaba a Manuela por momentos, pero la amaba y la deseaba, y quedarme con ella era para mí una cuestión de honor; pero él no la quería como esposa, sino como amante.

Mi cuñada se enteró que Manuela quería conquistar a su marido y, en un ataque de ira, la insultó al salir de la iglesia. Como Manuel era más rico, para pagar el insulto recibido decidió quedarse con ella. Manuel empezó a encontrarse con Manuela en su casa y a sus padres no les importaba, siempre y cuando recibieran dinero. Se convirtieron en amantes sin siquiera molestarse en ocultar el hecho. Realmente los odiaba y quería matarlos. Mis padres sufrieron por el procedimiento de mi hermano y mi cuñada se puso triste y se sintió humillada.

Manuela tuvo un hijo, un niño, y Manuel dijo que era su hijo. Al poco de nacer el niño, Manuela empezó a mirarme insistentemente, sin dejar olvidar su pasión.

Un día fui a su casa, ella me recibió amablemente y terminó diciendo:

- Raúl, me arrepiento de la elección que hice. Te amo, ahora lo sé con certeza, pero le tengo miedo a Manuel, es violento, siempre me amenaza diciendo que si lo abandono me matará. Pienso en dejarlo, huir de él, sé que me perseguirá.

- Si él no existiera, Manuela, ¿te quedarías conmigo? - Yo consulté.

- Por supuesto, eso es todo lo que quiero.

Ella me besó, pasé la noche en su casa. Salí temprano en la mañana, pensando en cómo le iba a quitar a Manuela a mi hermano. Mi odio me hizo verme a mí mismo como un perdedor. Mi hermano me robó todo, siempre. Se había casado bien, había ganado dinero y me había robado a la mujer con la que yo pensaba casarme. Tuve que quitársela. Entonces pensé que la mejor solución era matarlo, para que no siguiera robándome. Pensé en huir con Manuela, pero lo conocía, terminaría persiguiéndonos y entonces sería yo quien moriría. Tendría que matarlo y hacer que pareciera un accidente, no quería que me arrestaran. Planifiqué cuidadosamente, pensé en un plan perfecto. Mi primer paso fue buscar novia, una chica de familia amiga, y les dije a mis padres que me había olvidado de Manuela. Intenté hacer las paces con mi hermano y él pensó que había renunciado a su amante. Mis padres estaban felices con nuestra reconciliación, le prometí a mi madre aconsejar lo más posible a mi hermano para que renunciara a su amante y se dedicara al hogar.

Pero empecé a ver a Manuela con regularidad, yendo a su casa en secreto.

Pasaron tres meses y planeé con frialdad y cuidado el crimen que cometería. Pensando que todo iba a salir bien, lo ejecuté.

Elegí un día en el que mi hermano no solía ir al pueblo, escribí una nota imitando la caligrafía de Manuela, que poco sabía de escritura. Escribí una nota con unas pocas palabras pidiéndole a Manuel que viniera a verla urgentemente. Le pagué a un niño que hacía este tipo de servicio para que llevara el mensaje a la casa de mi hermano y se lo entregara; también le ordené al niño que, si le preguntaban, dijera que había sido el padre de Manuela quien le había entregado la nota. Rápidamente llegué a casa y le dije a mi madre:

- Voy a la finca a visitar a mis sobrinos, tengo ganas de salir a caminar. Manuel ya me ha invitado varias veces y no quiero que se enoje conmigo por no ir.

- Sí, vete, hijo, que bueno verte en paz.

Tomé mi caballo y me fui.

La verdad es que Manuel no me había invitado a mí, sino a su mujer. Fui bien recibido, complací a los niños. Poco después, llegó el niño para entregar la nota. Manuel la recibió, la leyó y la quemó. Observé todo subrepticiamente; después de deshacerse de la nota, vino a verme.

- Raúl, necesito ir a la ciudad inmediatamente después del almuerzo.

- Estaba pensando en almorzar e irme, tengo trabajo que hacer. ¿Quieres que le dé una excusa a tu esposa?

- Te lo agradecería – sonrió. Entramos y apenas llegó María, su esposa, nos dijo:

- Manuel, el señor Swill está vendiendo unas cabras estupendas, ¿por qué no vas a verlas? - Intercambiamos ideas y Manuel decidió acompañarme a la ciudad nada más después de almorzar. Almorzamos y Manuel ordenó que el carrito estuviera listo para partir, como yo esperaba que hiciera. Manuel rara vez montaba a caballo, lo odiaba, prefería usar el carro. Todo iba bien, nos despedimos. Su hijo mayor, mi sobrino, de cinco años, quería ir y lloró tanto que mi hermano decidió dejarlo ir. Intenté convencerlo que no se llevara al niño, pero como no quería que sospechara, no insistí.

- Raúl - dijo mi hermano -, voy a dejar a mi hijo con mamá: pasaré por la casa antes de ir a ver las cabras.

- Entonces Manuel, sigo adelante, a mi caballo le gusta galopar, estará feliz con la presencia de William.

Me despedí de todos y seguí adelante; ya lejos de la casa, observé y vi salir a mi hermano y a mi sobrino. La finca no estaba lejos de la ciudad, la casa de mi hermano estaba ubicada en una zona muy hermosa. Había un camino, hecho por su suegro, que acortaba la distancia, pero subía una colina, era un camino pequeño lleno de curvas, rodeado de árboles, con pasos peligrosos donde había barrancos y acantilados.

Fue poco utilizado, solo pasaban los vecinos de la finca y algunos agricultores. Galopé colina arriba. En una curva peligrosa tomé un atajo, dejé el caballo y subí unos metros a pie. Conocía bien el lugar, había estado allí antes y lo había preparado todo. Pronto vi a mi hermano acercarse, estaba en lo alto de un barranco y, al otro lado del camino, un hoyo profundo, lleno de piedras. Había elegido el lugar con cuidado, en ese momento todavía pensaba: "Yo también mataré a mi sobrino." Pero sería difícil planear otro accidente, entonces Manuel terminaría sabiendo todo, cuando estaba seguro que no fue Manuela quien le envió la nota. No lo dudé, cuando mi hermano pasó por debajo de donde yo estaba, levanté a traición un palo con el que apoyé una gran piedra, ésta rodó y con ella muchas otras, cayendo encima del carrito. Vi fríamente asustarse a los caballos; Manuel protegió a su hijo e intentó saltar con él de la carreta, pero las piedras cayeron violentamente encima de ellos. Rápidamente me escapé, tomé mi caballo y me fui a casa. En ese momento solo sentí por mi sobrino. Lo disimulé, traté de seguir siendo mi yo natural, llegué a casa, informé a mis padres y le dije a mi madre:

- Viene Manuel, va a ver unas cabras, William está con él, lo va a dejar aquí.

Como mi hermano tardó mucho en llegar, mis padres empezaron a preocuparse.

- Bueno, podría ser que Manuel decidiera llevarse a William - dijo. Pasaron las horas y mi padre decidió ir a casa de mi hermano.

- Tal vez decidí no venir, así que voy a verlos. Estoy preocupado, tengo un mal presentimiento. Creo que simplemente extraño a los niños.

- No vayas solo, viejo - dijo mamá -, llévate a Criolo.

Criolo era nuestro empleado y ambos se fueron, yo seguí trabajando normalmente. Poco después Criolo regresó gritando:

- Raúl, hubo un deslizamiento de tierra en el camino. Tu padre te pide que vayas con unas personas para ayudar. Vimos un caballo enterrado, creemos que es de Manuel.

Mamá ya empezó a llorar. Inmediatamente traté de buscar ayuda, en momentos reuní a diez hombres, amigos y vecinos y nos fuimos.

Encontramos a mi padre luchando por quitar las piedras del camino, le sangraban las manos, estaba desesperado. Comenzamos sin demora a quitar las piedras y la tierra; Dos horas después encontramos y retiramos dos cadáveres, los de mi hermano y mi sobrino. El médico de nuestra ciudad acompañó nuestro trabajo. Dijo al examinarlos:

- El niño debió morir instantáneamente; Manuel, no, permaneció vivo mucho tiempo allí debajo de las piedras.

Fue un evento triste. Todos sintieron su muerte, mi cuñada lloró mucho por su hijito, los niños por su padre y hermano y mis padres sufrieron mucho. Nadie sospechaba nada, el camino estaba cerrado y para ir a casa de mi cuñada tuve que dar una larga caminata por otro camino, pero seguro. Mamá fue la única que me interrogó, queriendo saber en detalle qué había pasado ese día, por qué me había adelantado, si no había escuchado ningún ruido. Le conté la historia que había memorizado varias veces. Ella no hizo comentarios, pero empezó a mirarme de manera diferente y comencé a sentirme incómodo por su presencia.

Me enojé cuando vi a Manuela, me pareció que estaba sufriendo la muerte de mi hermano; nos seguimos viendo en secreto.

Sin embargo, no podía estar más tranquilo en mi casa. El sufrimiento de mis padres me molestaba y no podía enfrentar a mi madre; sentí que ella sospechaba algo. No me dijo nada del tema, dejó de interrogarme. Mi cuñada siguió viviendo en la finca, ahora con la ruta más larga rara vez nos visitaba y mis padres empezaron a ver poco a los nietos que tanto querían.

Estaba cada vez más inquieto y nervioso, quería irme, lejos de casa, pensaba que lejos de allí volvería a tener paz. Tenía un tío, hermano de mi padre, que vivía en Portugal, decidí irme allí. Acordé con Manuela que nos fuéramos a vivir allí, a ella le gustó la idea; también quería deshacerse de sus padres que la explotaban viviendo a expensas de sus amantes. Le di dinero y ella se fue en secreto con su hijo a Portugal; yo iría primero y ella iría poco después.

Después del almuerzo, hablé con mis padres sobre mi decisión:

- Papá, quiero ir a Portugal, voy a visitar al tío Jack. Quiero que me des dinero, siempre trabajé contigo y solo tenía mi salario.

- Hijo mío, ¿nos dejarás ahora que hemos sufrido tanto?

- Déjalo ir - intervino mi madre -, dale lo justo, no lo tengas aquí.

En ese momento estaba seguro que mi madre sabía que de alguna manera yo había sido culpable de la muerte de mi hermano. Ella no dijo nada para salvarnos a mi padre y a mí, ellos podrían investigar y yo podría ir a prisión.

Mi padre me dio todo el dinero que había ahorrado y lo que ganó vendiendo algunos caballos. Salí aliviado, simplemente me despedí de mis padres, hice un buen viaje y me fui a Lisboa, donde encontré a Manuela. Alquilamos una casa amueblada y Manuela quería casarse, pero yo no quería, prefería tenerla como amante. Al ver que no quería casarme con ella, no insistió, esperaba convencerme.

Busqué a mi tío, él trabajaba en el comercio en el puerto, estaba bien económicamente y me ayudó a conseguir un buen trabajo.

Su inquietud había mejorado, estaba más tranquila, intentaba no recordar el pasado. Entré a trabajar en un almacén, donde conocí a

Vitória, la hija del dueño. Ella era fea, alta y delgada, apenas me vio se interesó por mí y comencé a prestarle atención.

Mi interés por Manuela se acabó, pero ella quedó embarazada y tuvimos un hijo. Trataba bien a los niños, pero no los amaba. Empecé a tener pesadillas, soñé que me caía, que estaba enterrado vivo. En mis sueños veía a mi sobrino pidiendo ayuda y a Manuel persiguiéndome; despertaba angustiado. Me enojé con Manuela, pensando que estaba soñando por ella.

Les escribí poco a mis padres. Me enviaron de tres a cuatro cartas para que yo pudiera responder a una. Me contaron todo lo que pasaba allí, me dieron noticias de mi cuñada y sus sobrinos que estaban bien, eso me tranquilizó un poco, siempre me pedían que volviera, que volviera. Empecé a salir con Vitória y su padre me exigió que dejara a mi amante. Cuando Manuela se enteró de mi relación, peleamos mucho. Ella entendió que yo no la amaba y, para no separarnos, accedió a que yo la dejara para casarme. Empecé a vivir solo cerca de la tienda, siempre yendo a ver a Manuela y a los niños, apoyándolos.

Vitória me quería mucho, intentaba complacerme en todo, yo la trataba bien. Pensé que tenía que casarme y olvidar el pasado de una vez por todas; reservé mi boda. Le escribí a mis padres diciéndoles que me bendijeran. No sabían que Manuela estaba conmigo.

La víspera de nuestra boda, Vitória recibió una herencia. Una tía soltera les había dejado una cantidad razonable a ella y a sus dos hermanos, más a ella por ser su madrina.

Mi cuñado, hermano de Vitória, quería venir a Brasil a comprar un terreno, a vivir una aventura. Vitória decidió acompañarme.

Generosa, Vitória me dio dinero para dárselo a Manuela, dejándola para siempre. Compré una casita en un buen lugar, a nombre de Manuela. Le entregué el título de propiedad, le informé de nuestra decisión de irnos y me despedí de ellos. Manuela estaba desesperada, rápidamente abracé a los niños y me fui, dejándolos.

Ya no quería saber nada de ellos, quería eliminarlos de mi vida. No quería nada cerca de mí que me recordara el pasado.

Mi boda fue sencilla y hermosa; quince días después partiríamos hacia Brasil. Escribí a mis padres diciéndoles, les prometí que, en cuanto nos estableciésemos, les escribiría y les enviaría la dirección.

Faltaban tres días para nuestra partida, Manuela me buscó, no quería recibirla. Vitória así lo hizo, yo esperé en la habitación y mi esposa vino a decirme:

- Raúl, Manuela dijo que el niño menor, tu hijo, murió.

- Así está mejor, Vitória. Ya no tengo nada que ver con ella.

- Ella quiere que vayas a ver al niño. Te esperará abajo. Ve y ayúdala, parece que está sufriendo.

Fui a la habitación. Manuela, entre lágrimas, me dijo que el niño tenía una infección grave y murió, lo iban a enterrar esa tarde. Le dije groseramente a Manuela que no quería ver muerto al niño, que tenía el otro hijo, que lo aceptara y no me molestara más. Manuela se fue triste. Intenté olvidar lo sucedido y concentrarme en el viaje que amaba.

El viaje fue maravilloso, dejé de tener pesadillas, me llené de esperanza para el futuro. En Brasil desembarcamos en Río de Janeiro, todo fue maravilloso.

Mi cuñado y yo hospedamos a nuestras esposas en un hotel y rápidamente nos pusimos a buscar un terreno para comprar. Pronto encontramos una finca cerca de Río, la compró y nos fuimos a vivir con ellos, hasta que encontré algo que nos convenía.

Luego comencé a tener pesadillas nuevamente; Inquieto, intenté ir más lejos, hui, como si cambiar de lugar pudiera detener la tormenta de los sueños. Fui al campo, encontré una buena finca a un precio adecuado y la compré. Hornos, Vitória y yo, nos fuimos allí. Mi esposa estaba esperando un hijo, me gustaba mucho e hice todo lo que pude para tratarla bien. Las pesadillas se hicieron más lejanas y con mucho trabajo y placer arreglé la finca.

Vitória le escribía mucho a su familia, ella siempre me recordaba que escribiera a mis padres.

Después de mucho tiempo les escribí y me respondieron que estaban enfermos y añoraban mucho su hogar. Me sentí culpable porque estaban solos, les escribí por obligación y sus cartas llenas de cariño me dolieron; no me gustó recibirlos, ni recordar el pasado.

Las pesadillas volvieron a ser frecuentes. Empecé a retraerme, no me gustaba hacer amigos, realmente no me gustaba nadie. Empecé a dejar sola mucho a mi esposa, dejé de prestarle atención, por más que intentaba entender el por qué no podía. Tuvimos cinco hijos, tres niños y dos niñas. Por más que lo intenté, no podía llevarme bien con los míos.

Como hacía tiempo que no recibía noticias de mis padres, no me preocupé, hasta que recibí una carta de un tío diciendo que habían muerto, mi padre primero; tres meses después, mi madre. Sentí cierto alivio, ni siquiera oré por ellos.

Me seguía encerrando, no me importaba nadie, las pesadillas me atormentaban tanto que me daba horror dormir.

Sentí que mi hermano siempre estaba conmigo, recordándome en cada momento el crimen que cometí. Encontré algo de paz simplemente en el trabajo. Trabajé en la finca desde el amanecer hasta el atardecer. Traté bien a mis empleados, tuve pocos esclavos, que vivían como sirvientes, trabajé más que cualquiera de ellos y me hice rico.

Habían pasado catorce años desde que cometí los asesinatos de mi hermano y mi sobrino. Un día vino a buscarme una mujer errante. Como insistía en verme, me dirigí a la puerta de la finca.

  - ¿Qué quieres? ¿No te han dado ya limosna?

Pedí, porque todo el que pedía limosna la recibía; los empleados, bajo mis órdenes, hicieron esto. La mujer me miró y las lágrimas brotaron de sus ojos. Ella habló, emocionada:

- Soy Manuela, Raúl, Manuela.

No quedaba nada de la mujer que había provocado que mi hermano y yo peleáramos. Delgada, mal vestida, con mucho pelo blanco, pálida y con mala dentadura. Me llevé un susto.

- ¡Manuela! ¿Tú?

Abrí el portón para que ella entrara, le pedí a un empleado que la llevara a una casa que estaba desocupada. Fui a casa y les ordené que le trajeran una cama, ropa y comida. Por la tarde fui a verla. Ahora que estaba limpia, inmediatamente vi que estaba enferma.

- Manuela, ¿qué te pasó? ¿Cómo llegaste aquí? ¿Cómo me encontraste?

- Raúl, nada me salió bien, realmente creo que merezco lo que estoy pasando. Siempre he tenido amantes. Cuando me mudé a la ciudad donde vivías, inmediatamente traté de buscar uno y elegí a Manuel, quien me apoyó. Yo y los míos. Tenía muchas ganas de quedarme con ustedes dos, nunca pensé en dejarlos. Cuando él murió, pensé en cambiar mi vida e irme con ustedes. Dejé los míos, nunca volví a saber de ellos. Cuando tú me dejaste estaba triste y sentí mucha pena por la muerte de nuestro hijo, te fuiste, me dejaste la casa. Inmediatamente traté de buscar alguien que me apoyara, porque no quería trabajar. Tuve muchos amantes. Siempre Me acordé de ti y decidí venir a Brasil a buscarte, vendí la casa nos fuimos, tu sobrino y yo, mi hijo con Manuel.

Desembarqué en Río de Janeiro y pronto vi que no sería fácil encontrarlo, dejé a mi hijo con una señora, pagándole un mes para que lo cuidara, y me fui a trabajar a una casa de prostitución. Tuve otro hijo, que nació muerto; pronto volví a quedar embarazada y me echaron del burdel porque sospechaban que tenía una enfermedad pulmonar. Sin saber qué hacer, caminé por las calles desesperada y luego me encontré con tu cuñado, que no me reconoció.

Entonces le dije que era amiga de tus padres, que los conocía desde niña y que quería volver a verlas, hacerte una visita. Él me enseñó cómo venir aquí. Así que vine tras ti, no pidiendo por mí, sino por tu sobrino; tiene quince años, no sabe hacer nada, si no le paga a la señora que lo cuida lo echará a la calle. ¡Ayúdame, Raúl, ayúdame!

Manuela lloró mucho, entonces vi que tenía fiebre alta y que estaba embarazada de seis meses; Arreglé la casa para que ella pudiera quedarse allí, ordené a una criada que la cuidara. No había ningún médico cerca, le dimos medicación casera. La visitaba todos los días, empeoraba, le prometí que iría a Río de Janeiro y cuidaría de su hijo. Ocho días después de llegar Manuela a la finca, murió. La enterramos poco después. Al día siguiente fui a Río de Janeiro y saqué a pasear a la familia.

Nada más al llegar fui a buscar al hijo de Manuela. Lo encontré, pagué a la mujer y volví a ver al niño. James estaba delgado, silencioso, me parecía asustado. Le dije que su madre había muerto, pero no pareció importarle. Hablé con él, tenía poca educación y quería estudiar. Encontré la solución. Lo admití en una escuela, donde estudiaría y se graduaría. Acepté enviar el pago anualmente y por carta, lo dejé ahí, ni siquiera me despedí. Durante cinco años envié pagos. El director me escribió. James era un buen estudiante, había estudiado - y se fue con un buen trabajo. Nunca le escribí, ni él a mí. Después que dejó la escuela y no volví a saber de él.

Vivía solo, hablaba poco, solo trabajaba y sufría pesadillas. Muchas veces quise irme, a veces pensé en volver a Portugal o ir a Inglaterra, o a otras provincias de Brasil, quería escapar. Vitória estaba en contra, y luego sus hijos también; como no quería ir solo, me quedé. Nunca he sido feliz ni he tenido paz. Ahora, mirando hacia atrás, vi que Manuel me perseguía con un odio feroz. No había aceptado su muerte, mi traición, la forma y el motivo por el que le quité la vida física. Me obsesionó implacablemente. Mi cuerpo no soportaba el ritmo de vida que llevaba, me sentí mal en la finca, mis empleados me trajeron a casa, fallecí en el camino; solo tenía cuarenta y nueve años.

Dejé a mi familia bien, económicamente. No sintieron mi muerte, no los amaba, pero tampoco fui amado.

Cuando mi cuerpo murió, sentí mucho dolor, pensé que me había desmayado, me quedé dormido. Me desperté, me estaban mirando, tuve una sensación horrible. Sentí que alguien me sacudía y, aterrado, reconocí a mi hermano Manuel.

- ¡Sal de ahí, perro! Ahora puedo castigarte como te mereces y ya no tendrás un cuerpo donde esconderte. ¡Estás muerto! ¡Tu cuerpo está muerto! ¿Por qué te sorprendes? ¿Creías que ibas a escapar? ¿Permanecer escondido en ese cuerpo para siempre?

Me asusté tanto que salí, me levanté y vi mi cuerpo ahí tirado, siendo vigilado. Miré a Manuel que me miraba con rencor. Hui, corrí.

¡Dios mío, huimos de todo menos de nosotros mismos! No tuve el valor de vengarme de los insultos y castigos que me infligía Manuel, simplemente hui, hui, corrí sin descanso, me escondí y él me encontró. Manuela se unió a nosotros. Mi hermano también la castigó y éramos tres figuras tristes deambulando por el Umbral.

Terminé enloqueciendo de dolor y remordimiento. Han pasado muchos años. Mis padres lograron calmar a Manuel y que me perdonara. Mis padres nos ayudaron y nos llevaron a los tres a un Puesto de Socorro. Con tantas lecciones de amor, hicimos las paces. Necesitábamos un tratamiento largo para recuperarnos, especialmente yo, que estaba muy perturbado. Le pedí perdón a Manuel con toda sinceridad y pesar, dijo que me había perdonado. Mis padres nos hicieron prometer que olvidaríamos nuestros rencores del pasado y que aprovecharíamos la oportunidad de la encarnación para aprender a amar. Manuel y Manuela reencarnaron, prometiendo casarse y recibirme como su hijo.

Recuperado, agradecí mi reencarnación en el Puesto de Socorro, estudiando y trabajando, ayudando a los necesitados que allí se encontraban. Tomé la firme determinación de enmendarme y vivir solo en el bien.

LA DECISIÓN

Los recuerdos cesaron, escuché la amorosa voz del Doctor Sallus:

- ¿Estás bien, Raúl?

- Sí, lo estoy. Te agradezco profundamente por todo.

Me volvió a dejar tan a gusto, no censuró nada, no comentó nada. Me ayudó a levantarme, habló con el profesor Eugênio sobre amigos comunes. Después de despedirnos nos fuimos, yo guardé silencio, el maestro respetó mi silencio. Me senté en un banco del edificio y el maestro se sentó a mi lado.

- Es extraño profesor, estoy muy molesto... Sabía que había cometido un error, pero cuando vi confirmado mis errores quise llorar y me sentí avergonzado del Doctor Sallus.

- Sallus respeta, alumno mío, el dolor ajeno; Él está ahí para ayudar, no para juzgar. ¡Te recuerdo en este momento, Raúl, que el evangelista Lucas (7:43-50) nos cuenta tan bien la historia de la pecadora que lavó con lágrimas los pies del Maestro y los secó con sus cabellos! Sabiendo Jesús que estaban siendo observados y le recriminarían por permitir que un pecador hiciera esto, el Maestro nos dio una lección tan hermosa: Por eso os digo: ¡sus muchos pecados les son perdonados, porque amaron mucho!

- ¿Me recomienda, maestro, que ame mucho?

- Todos nosotros, Raúl, debemos amar. Amar al Padre, al Maestro Jesús y a todos como hermanos. La falta de amor nos mantiene separados. Ustedes tres se equivocaron mucho al no amar. Volvieron a la ropa carnal, lograste perdonar; Manuela también se regeneró, amó, fue honesta, trabajadora y buena madre. Manuel no pudo hacerlo. ¿Por qué? Porque él realmente no podía amarlos; no los perdonó.

- Maestro, ¿amo a mi padre? Amo a mi madre, ahora amo a Manuela en estado puro. Perdoné a mi padre, quiero que sea feliz, pero ¿será suficiente? ¿No necesito amarlo? ¿Qué será de él? De los tres, solo él se quedó atrás. Él plantó la mala semilla, ¿cómo será su cosecha?

- Raúl, la Misericordia de Dios es para todos nosotros. Tu padre tendrá la oportunidad de corregirse, como lo hiciste tú. Pero nos corresponde a nosotros, que ya somos capaces de comprender, ayudar a nuestros hermanos que están atrapados en el odio y el rencor.

- Profesor, y las demás personas que vivieron conmigo en otras existencias, ¿dónde están? Mis padres, que sufrieron tanto por mi culpa. Vitória y sus hijos, mi cuñada y mis sobrinos, William, ¿a quién asesiné?

En ese momento lloré, me dolía el recuerdo de ver muerto entre las piedras a mi sobrino, de apenas cinco años.

El maestro ignoró mi llanto, me habló como siempre con voz agradable y tranquila.

- Raúl, tuvimos, siempre tenemos la oportunidad de querer a todos como hermanos. Hemos tenido muchas familias y tendremos muchas familias, lo que hace que siempre encontremos cariños y disgustos. De tus recuerdos, solo ustedes tres aparecen juntos. Los demás eran compañeros de viaje. Tus padres demostraron superioridad hacia ti, te ayudaron y te apoyaron. Necesitabas este sufrimiento, este aprendizaje. Encarnaron en Gales para continuar su progreso. Tu cuñada y tus sobrinos, así como Vitória y sus hijos, no permanecieron unidos contigo, no fueron amados, no te amaron, no se sintieron perjudicados, te perdonaron. No debes preocuparte por ellos, van camino del progreso. En cuanto a William, fue el primero en perdonarte y aceptó el hecho como una cosecha de su siembra. Aprenderás, mi querido Raúl, a amar a todos como a tu familia de ahora en adelante.

- Es tan extraño, hijos, padres, esposa, nada me ata a ellos, solo me preocupo por Manuel.

- No es tan extraño; te sientes reconciliado con todos; con Manuel, no. Te dejo en paz, debes meditar en todo lo que recordaste y orar pidiéndole a Dios que te ilumine. Te recomiendo que no estés triste, la tristeza no paga las deudas, pero el amor y el trabajo sí.

Me quedé allí durante horas. Ese lugar era tan hermoso y agradable. Pensé en lo misericordioso que es Dios y en cómo la Ley de la Reencarnación es de infinita bondad. Pensé también en lo que me había dicho el profesor sobre la mujer que amaba mucho, "que fue perdonada. Yo había recibido perdón, fui perdonado y tenía que amar mucho y hacer que este amor fructificara. Estoy agradecido, profundamente." Agradecido al Padre Celestial por las oportunidades que me fueron dadas, oré mucho y me sentí tranquilo, en paz.

Fui a ver a la abuela y le conté todo. La abuela Margarita me animó, comprendiéndome; me sentí diferente. No había nada de infantil en mí, me sentía adulto, responsable y sabía que tenía mucho que hacer. Fui a visitar a mi madre, le dije, suavizando todo, especialmente lo referente a ella. Estaba escuchando una historia en la que no había participado. No recordé nada.

- Es tan extraño, Raúl, pensar que ya hemos regresado a la Tierra en cuerpos diferentes. Aunque solo entendiendo esto podemos entender tanto. Creo todo lo que dijiste, creo que es triste saber que fui tan frívola. Nuestros desacuerdos pasados no nos importan, pero ahora somos amigos y nunca más pelearemos, porque aprendimos a amarnos con pureza.

- Tienes razón mamá, nunca volveremos a pelear, siempre nos amaremos. Mamá, ¿qué piensas hacer?

Pronto te recuperarás y saldrás del hospital.

- Me voy a vivir con mi madre. Quiero estudiar, entender todas estas cosas que he llegado a saber ahora y trabajar.

- ¿Me extrañarías si estuviera lejos?

- Raúl, ¿en qué estás pensando? ¿Quieres irte? Sentiría la separación, no la ausencia. Quien ama no separa, yo te amo y no quiero, por egoísmo, retenerte.

- Gracias mami, yo también te quiero mucho. Tienes razón, cuando amamos no nos separamos, podemos estar sin la presencia del otro, pero no separados.

La besé con todo el cariño.

Asistí a clase a la mañana siguiente. Todos éramos tan buenos amigos que nos preocupábamos y participábamos en los problemas de los demás como si fueran propios. Cuando el profesor Eugênio salía con uno de nosotros, individualmente, era para ayudar, y todos los demás en la clase oraban y animaban para que todo saliera bien. Participamos con sincero interés en los acontecimientos que involucraban a cada persona. La curiosidad a veces nos invadía, aprendimos a controlarla, nadie hacía preguntas, el relato era espontáneo. Todos sabían lo que iba a hacer el día anterior y esperaban ansiosamente mi anuncio.

Comenzamos la clase con una oración, casi siempre dicha por uno de nosotros. Ese día pedí hacerlo. Con emoción recité una oración con un profundo sentimiento de gratitud:

"Gracias te doy, Padre Celestial
Por las oportunidades de las reencarnaciones,
En esta escuela terrenal,
Donde aprendemos a amar, a perdonar,
Donde podemos aprender lecciones de los errores para futuros éxitos...
Porque de existencia en existencia, de paso en paso,
El progreso nos espera con bendiciones

Para que podamos alcanzar la felicidad
Y la paz que tanto anhelamos,
Felices los que aman sin sufrir.
Y bienaventurados los que sufren y aprenden a amar..."

Luego pedí hablar y conté todo lo que recordaba. Nadie me interrumpió y, en el aula, solo se escuchaba mi voz. No escondí nada, les describí el dolor del remordimiento, la dolorosa sensación de sentirme culpable.

- Sentirse culpables, compañeros, es horrible, el dolor es tanto que nos desgarra en la agonía. Qué bueno, qué maravilloso es tener paz para orar, qué feliz es no tener que avergonzarse de las propias acciones. Asesiné a mi hermano por razones inútiles, hasta el punto que abandoné a Manuela poco después. Me arrepentí y quise escapar de mis acciones sin poder hacerlo. Podría haber pedido perdón, haber sido religioso, haber orado. Me daba vergüenza orar, sentía que si lo hacía profanaría la religión. No tuve el refrigerio de la oración. Quería escapar, alejarme de todo lo que me recordaba mi crimen. Me escapé de mis padres, de mis sobrinos, a los que dejé huérfanos, me escapé del campo, de Manuela, pero no tenía paz, no podía escapar de las responsabilidades de mis obras. Estos estaban en mí, siempre me acompañaron. No podía pensar en Dios, le temía y me avergonzaba. ¡Qué triste es querer huir de nuestras propias acciones, qué amargura es avergonzarnos de nosotros mismos! El remordimiento es un fuego que quema sin destruir, es tener un infierno en nuestro interior, es tener la sensación que ¡nunca pasará! Desencarnado seguí en peores condiciones de sufrimiento, lo que hice, mis obras, me acompañaron más allá de la tumba. ¡Qué triste es tener errores y remordimientos por la compañía! Me sentí tan culpable que ni siquiera podía pedir perdón porque pensaba que ni siquiera lo merecía. El remordimiento duele, duele tanto que ahora entiendo por qué muchos espíritus piden la encarnación para olvidar, sin importarles el sufrimiento que tendrán que pasar, porque nada les parece peor que el dolor del remordimiento. He aprendido, amigos míos, que huir no nos lleva a ninguna parte; ¡Tenemos que asumir la responsabilidad que nos corresponde, con la esperanza de hacer las cosas bien!

Ya no quiero huir de nada, especialmente del Maestro Jesús, de sus enseñanzas. Y quiero ser un servidor útil en el campo del Padre. Pero, estaba pensando, ¿cómo puedo aprender a ser una persona útil, seguir estudiando? ¿Y el trabajo, dejando atrás a un adversario? ¿No tengo primero que reconciliarme conmigo mismo? ¿No me corresponde a mí intentar hacer esta reconciliación? Con el perdón y la resignación al sufrimiento, superé el odio. No odio, pero mi padre Manuel me sigue odiando. ¿Qué será de él? Mató a su leal esposa y a un hijo, no nos dejará a los dos persiguiéndolo, pero tendrá sus acciones, su conciencia. y de eso no podrá escapar. Los tres nos unimos por errores y rencores, Manuela y yo nos entendemos y estamos tratando de hacerlo bien, él lo odiaba. ¿Es justo dejarlo sin ayuda? ? No estaré en paz sabiendo que él me odia y que no me ha perdonado. Me gustaría tener nuevamente la oportunidad de pedirle perdón. Sé que las oportunidades no faltarán, el Padre siempre. nos los da ¿Tendré que esperar una reencarnación con él en el futuro? Mi padre tiene solo treinta y cuatro años. ¿No puedo ahora reconciliarme con él?

Hice una pausa, me emocioné, miré a mi maestro y continué:

- Ayúdeme profesor, usted que ya me ha ayudado tanto, ayúdeme otra vez. Quiero reencarnar, volver ya a la Tierra, volver a ser hijo de Manuel. Se va a casar otra vez, podré volver con él y hacer todo lo posible para ganármelo y ser amado por él.

- Raúl, lo que pides no me corresponde a mí decidirlo. Sin embargo, llevaré tu solicitud a la sección a cargo y abogaré por ti. Como en la oración que dijiste, la reencarnación es una oportunidad que se da a todos por igual. Hay muchos que quieren y necesitan reencarnar. Muchos esperan años para volver a la carne.

Aquellos que han tenido poco tiempo para desencarnar solo pueden reencarnar con un permiso especial. Quiero que sepas, Raúl, que no tendrás una estancia fácil allí como encarnado. Tendrás que luchar para conseguir lo que deseas y es posible que no consigas tu objetivo. Entonces Manuel plantó malas semillas y tiene una cosecha dolorosa. Tendrá que sufrir para reajustarse, ya que rechazó la lección por amor. ¿Te sientes con fuerzas para afrontar esto, Raúl?

Pensé por un momento y respondí con firmeza:

- Sí, me siento fuerte para volver a su lado. Es justo que sufra con los que ya hice sufrir.

Quiero tener la oportunidad de volver a ser hijo de Manuel.

Mis compañeros dieron sus opiniones, la mayoría pensó que yo tenía razón, otros pensaron que debía esperar.

- Alumnos míos - intervino el profesor Eugênio -, Jesús recomendó que busquemos siempre la reconciliación, que siempre perdonemos y pidamos perdón, que amemos a todos y que hagamos todo para ser amados.

Cortésmente, mi maestro cerró el asunto y comenzó la clase. Una semana después, el maestro me dio la noticia.

- Raúl, tu petición ha sido concedida, debes acompañarme inmediatamente después de clase al Ministerio de Reencarnación.

Sonreí feliz.

Una vez más el Ministerio me pareció grande y majestuoso. Pasamos por la recepción y entramos al Departamento de Reencarnaciones.

- Aquí, Raúl - explicó mi maestro -, las reencarnaciones de los habitantes de esta Colonia se organizan en un trabajo incansable.

Todo muy limpio, decorado en colores claros. Se atendió a muchos y se dieron explicaciones sobre varios aspectos de la reencarnación.

Estábamos en un salón enorme y pronto el profesor Eugênio localizó a la persona que nos atendería.

Nos presentaron. Mariana, alegre, simpática, me cautivó:

- Raúl, analizamos tu petición y te pregunto: ¿es realmente lo que quieres?

- ¡Sí, eso es lo que quiero!

- Muy bien, dentro de tres meses regresarás a la Tierra como el único hijo varón del matrimonio Manuel y Margaret. El matrimonio tendrá otra hija, ella es un espíritu enfermo, internada en nuestras salas. Tu hermanita no será perfecta, cometió muchos errores y destruyó un cuerpo perfecto; ahora vuelve a armonizarse y reconciliarse con su futura madre carnal. Raúl, también debes saber que reencarnas con un propósito: ¡reconciliarte con tu padre! Solo estará encarnado por unos pocos años y deberías regresar pronto. ¿Está bien para ti?

- Sí, lo está. Lo único que quiero, Mariana, es reconciliarme con Manuel y luego ofrecerme con trabajo y agradecimiento a Dios.

- Muy bien, programaré otra entrevista para discutir algunos detalles, porque pronto serás admitido aquí.

Nos despedimos como buenos amigos.

Se lo dije a la abuela y decidimos hablarle amablemente a mamá. Mis compañeros estaban contentos y recibí mucho ánimo.

Siete días después fui a la entrevista programada. No fui a clase, se suponía que me quedaría en el Departamento por algún tiempo. Fui antes y me quedé en el salón mirando a la gente.

- ¿Cecília me aceptará ahora? ¡Me han abortado tres veces! Me voy ahora con tantas esperanzas...

- Y no deberías perderlas, Juan – me animó el encargado.

- Ella goza de buena salud. Vibraremos para que todo salga bien.

- He estado rezando mucho para que todo salga bien - prosiguió el señor -. ¿Sabes que en mi última visita a la Tierra fui médico y tuve muchos abortos? Aquí aprendí a valorar la vida encarnada en todas sus fases, quiero volver atrás y luchar contra este acto cruel. Entiendo; sin embargo, que recibo la cosecha de lo que sembré.

Suspiró con tristeza, ya ni siquiera tuvo tiempo de escuchar, porque dos caballeros se acercaron a mí.

- ¡Pst! - Dijo uno de ellos.

- No lo conozco - dijo el otro -. ¿Ese no es Mário? - Preguntó el primero.

- No señores, mi nombre es Raúl.

- Estoy confundido, mucho gusto, soy Jonás y este es Jair. ¿Reencarnarás?

- Sí, tengo la intención de hacerlo – respondí.

- ¿Alguna vez has pensado en cómo será tu cuerpo físico? Estamos discutiendo esto.

- Yo no.

Nos sentamos a un lado y Jonás me explicó:

- Voy a pedir tener, siendo joven, bronquitis. Sí, muchacho, bronquitis, esto me mantendrá alejado de fumar.

Fumé mucho en mi última encarnación, no era malo, tenía una vida tranquila y honesta gracias a Dios. Pero fui esclavo de la adicción, arruiné mi salud, aunque no sabía el daño que me estaba haciendo. Desencarné, ¡qué tormento!

Estaba desesperado por fumar. Fui rescatado y poco después de mi muerte fui a un Puesto de Socorro, no quería quedarme allí y comencé a vampirizar para tener la sensación que estaba fumando. ¡Qué infeliz fui, fui un trapo humano, sufrí a manos de espíritus malignos, deambulé inquieto, sufrí dolor y humillación! Un día, cansado, oré mucho y sentí la necesidad de dejar de fumar para siempre. Tomé la firme determinación de dejar mi adicción, no vampiricé a nadie más, me fortalecí a través de oraciones y lo logré.

Me quedé asombrado por lo que escuché y mi amigable confidente continuó:

- Las adicciones no terminan como nuestro cuerpo carnal, nos acompañan más allá de la tumba, digo que es más fácil abandonarlas encarnado. Para liberarnos de las adicciones necesitamos luchar duro y superarlas, de lo contrario seremos derrotados. Cuando tenemos una adicción no somos libres, somos esclavos de ella. Cuando logré dejar de fumar, me ayudaron. Ahora voy a reencarnar de nuevo y, temiendo una recaída, pediré la gracia de estar enfermo. Si tengo bronquitis, dejaré de fumar.

Me pareció brillante su idea, intervino Jair:

- Creo que tu petición, amigo Jonás, será aceptada. La mía, no lo sé. Sabes, Raúl, yo también soy cruel. Durante mucho tiempo he luchado contra la adicción al robo. Es verdad, me fascinan las pertenencias ajenas. He sido pobre, rico y no he superado la adicción. En la pobreza siempre pongo excusas que me falta todo. Pero, rico encarnado, robé, me apoderé de los bienes de mi madre y de mis hermanos, organicé una banda y robé mucho. Me alegro de haber repartido muchas limosnas y ayudado a muchos, pero no he cancelado mis errores. Mi vida ha sido así, robo, sufro, me arrepiento, pretendo corregirme; vuelvo a la carne y todo vuelve a empezar. Aquí he tenido orientación caritativa y me siento más empoderado. Pero me temo; en el cuerpo olvidamos muchas cosas. Como en una de mis encarnaciones me cortaron el brazo derecho como castigo, porque me pillaron robando, no volví a robar en esa encarnación. Estaba pensando: ¿no dijo Jesús que era mejor entrar en la vida sin un brazo o algo que sirviera de motivo de error? Pediré - y espero lograrlo - reencarnar sin ambos brazos físicos. Sé que no demostraré que estoy curado de la adicción si no puedo hacerlo. Pero creo que, si una encarnación queda sin armas, las valoraré para su buen uso.

- ¿No será muy difícil? No es fácil vivir sin brazos - dije asombrado.

- Muchacho, ¿cuánto tiempo puedo vivir encarnado? Sesenta, setenta años, sin brazos. Ciertamente no son más que cien años de sufrimiento a través de los umbrales como ya lo hice yo. Temo más sufrimiento en el Umbral. Sé que encarnado no recordaré lo que estoy diciendo ahora. Estoy seguro; sin embargo, que sentiré que mi discapacidad es justa y que es lo mejor para mí.

- Quizás tengas razón, también pediré tener un físico que me facilite hacer lo que me propongo.

Mariana me llamó, tuve que despedirme de los dos señores con una ligera despedida. Luego de saludarla no pude contener la curiosidad y le dije:

- Estaba escuchando a la gente mientras esperaba que me llamaran. Si pudiera, me gustaría que me aclararan lo que no pude entender.

- Puedes preguntar, Raúl, estaré encantado de explicarte.

- ¿Por este Departamento pasan todas las personas que van a reencarnar?

- Raúl, hay innumerables Colonias en todo Brasil y todas tienen un departamento que ayuda a los reencarnacionistas. También hay trabajadores en esta zona en los Puestos de Socorro. Pero no todo el mundo pasa por este proceso de ayuda, esta planificación.

- ¿Planificación? ¿Se pueden hacer planes para reencarnar?

- Sí, ¿no lo estás haciendo? ¿No regresas a la Tierra con el objetivo de la reconciliación?

- Es verdad. Pero, ¿se puede planificar el cuerpo físico?

- Sí, se puede preguntar, pero son los técnicos los que planifican. Para las reencarnaciones se hacen solicitudes, que son aceptadas o no, dependiendo de la opinión de los trabajadores aquí, buscando solo lo mejor para cada solicitud.

- ¿Hay peticiones de tranquilidad en la vida física, como ser rico o bello?

- Para instalaciones materiales, no las hay. Aquí, Raúl, todos han pasado por un aprendizaje y entienden la vida como una continuación. Puede suceder que muchos incluso quieran, pero teman las consecuencias; reencarnados, olvidan lo aprendido aquí, este deseo se ve reforzado por las ilusiones. Muchos luchan desesperadamente por tener estas facilidades en un corto período de encarnación, en comparación con la eternidad. Sí, hay quienes aquí piden pruebas de riqueza, o quieren ser ricos con algún propósito.

- El tiempo encarnado, ¿se puede determinar?

- Sí, mientras tanto está prevista otra temporada y no es el momento adecuado. El tiempo fijado es una misión cumplida, una lección aprendida, un trabajo por hacer.

- Entiendo, regresaré por un corto tiempo, con un propósito, ¿no?

- No será tan corto de tiempo; morirás en la adolescencia. Raúl, niñito desencarnado, fue una lección de amar la vida; le quitaste la vida física a un niño en el pasado. Raúl, en la espiritualidad no existe una regla general, única, cada caso es diferente.

- Mariana, un señor dijo que iba a pedir la incapacidad. ¿Todas las personas discapacitadas están discapacitadas por elección propia?

- Una gran parte, Raúl, pidió reencarnarse así. Muchas personas desarmonizadas reencarnan transmitiendo sus deficiencias al cuerpo físico; hay muchos entre ellos que han destruido el cuerpo perfecto.

- ¿Suicidas?

- No se puede decir que a todos les pasa así, suicidarse es una mala acción y la reacción es justa, cada uno tendrá lo que merece, pero la Divina Misericordia es para todos. En general todas las adicciones dañan el organismo, algunas mucho, otras poco. Los drogadictos destruyen el cerebro perfecto, tanto la parte física como la periespiritual; fumar daña las vías respiratorias y otras partes, y el vicio de la calumnia, las cuerdas vocales. Hay muchas maneras de dañar un cuerpo perfecto que el Padre nos dio. Y regresan en un cuerpo deficiente para aprender a valorar el cuerpo sano. Muchos adictos con el periespíritu dañado pueden recuperarse en el mundo espiritual, pudiendo elegir a la hora de reencarnar lo que les parezca mejor.

Hay quienes no pueden recuperarse aquí, por lo que la reencarnación en el cuerpo discapacitado es la medicina que necesitan. Los peores casos, Raúl, son aquellos que dañan su periespíritu con remordimientos destructivos y quieren reencarnar así. Casi siempre están dementes, les faltan miembros, etc.; en estos casos, los benefactores los obligan obligatoriamente a reencarnar. Muchas veces, Raúl, se sufre mucho menos al reencarnar que en la espiritualidad y se cura en la carne.

- Aunque es un asunto tan grave, Mariana, estoy encantado con la justicia que recibimos todos.

Pero, ¿no sufren también los padres de las personas discapacitadas en la Tierra?

- La verdad, Raúl, es que todo tiene una explicación. Tendrás una hermana, como te dije, que es discapacitada mental. Lleva un tiempo internada con nosotros y no se ha recuperado, siente mucho remordimiento. Margaret contribuyó en su existencia pasada a su suicidio. Ahora, además de reconciliarse, rescatarán errores comunes. Y tu padre mató a un hijo perfecto, bien podría recibir a uno discapacitado. Muchos casos se encuentran en estas circunstancias, cometieron errores juntos. Otros hacen todo por amor. Aman tanto a un espíritu que necesita ser discapacitado, que por elección piden ser sus padres para ayudarlo y estar juntos.

- ¡Qué sentimiento tan bonito es el amor! Si pudiera, Mariana, quisiera ser como mi padre. Si me pareciera a él sería más fácil amarme, podría tener la misma forma de caminar, hablar, gustarme las mismas cosas - Mariana sonrió:

- Sí puedes, Raúl, nos encargaremos que tú, encarnado, te parezcas a Manuel.

Acordamos algunos detalles. Debería ir más seguido al Departamento y fijamos el día en el que me quedaría allí para reencarnar.

- No te preocupes Raúl, él dormirá, tu periespíritu tomará forma de feto y será llevado con tu futura madre.

Salí del departamento convencido que tendría que hablar con mi madre y comunicarle mi decisión. Fui a visitarla. Después de complacerme, dije que volvería a la carne.

- Raúl, Margaret tomó todo lo que era mío, ¡incluso tú serás su hijo!

- ¡Mami, no pienses así! Esforcémonos por amar a Margaret. Su mayor defecto fue ser la amante de mi padre, cuando aun estabas encarnada. Y su cosecha no será fácil. Yo desencarnaré de adolescente y ella, como madre, sufrirá mucho, tendrá otra hija, que quedará discapacitada. El dolor le enseñará a Margaret, haciéndola más humana. Después mamá, Margaret se está portando bien con las niñas, la abuela siempre las visita y nos ha estado dando noticias. A Taís, Telma y Negrita les gusta. ¿Y qué es realmente lo nuestro? ¿Qué cosa material nos pertenece? La casa era tuya, ahora es de Margaret, ¿y en el futuro de quién será?

- Tienes razón hijo mío, amemos a Margaret como a una hermana. ¿La amarás más de lo que me amas a mí?

- Estoy dispuesta a amar a todos, no amaré a nadie más que a ti.

- No puedo decir que esté contento con tu decisión, pero trato de entenderte.

- ¿Manuel no te volverá a hacer daño?

- No lo creo, voy confiado y todo saldrá bien. Manuel y yo seremos amigos. Nos abrazamos, emocionados.

Empecé a ir poco a la escuela, pero la dejé con pesar. Quería primero reconciliarme con mi prójimo, y luego estudiar y prepararme para ofrecerme al Creador y ser servidor de Cristo. Asistí a conferencias que hablaban sobre la reencarnación, el perdón, el amor y leí mucho sobre estos temas.

El tiempo pasó rápido, llegó el día antes de mi ingreso al Departamento. Dediqué el día a despedirme de queridos amigos. Hablé mucho tiempo con la abuela, ella me prometió seguir mis pasos cuando encarnara, cuidarme siempre y animarme en mi vida en los períodos difíciles. Me despedí de mamá, no pude resistir la emoción y lloré. Ella; sin embargo, me animó.

- Raúl, pronto pasará el tiempo, dentro de unos años volverás a estar con nosotros y aquí te estaré esperando. Estudiaré, trabajaré, cambiaré para mejor, estarás orgulloso de mí cuando regreses. Te bendigo hijo mío, Dios te proteja.

Fui a mi amada escuela. Mi clase, que sorpresa, estaba toda decorada con carteles deseándome éxito, me recibieron en una fiesta. Uno de mis compañeros, Hugo, en nombre de la clase pronunció un discurso animándome y concluyó:

- Raúl, cuando tenemos buenas intenciones el Cielo nos bendice. Sé, todos sabemos, que asumir un cuerpo físico no es fácil para quien es consciente de la lucha que le espera. La ilusión de la carne es una prueba difícil. Pero ninguna circunstancia de la vida debería entristecernos. Elige el camino que creas mejor, ve y sé feliz. ¡Aquí te recordaremos como un amigo valiente, un colega ejemplar!

Abracé a todos y escuché palabras amables y amigables. El profesor me abrazó rápidamente, quise hablar con él, agradecerle, pero se fue de la clase. Todavía me quedaban dos horas, fui a un lugar de la escuela que llamábamos Rincón de Recogimiento y oré.

Esta esquina estaba al lado, donde había un patio cubierto de flores muy hermosas, muchas bancas y mucha paz. Medité en las enseñanzas y conmovidamente agradecí a Dios.

Cuando me levanté, vi al profesor Eugênio esperándome.

- Quiero acompañarte, Raúl.

Mi intención era ir solo, ya me había despedido de todos, pero no podía negar la compañía de mi amado maestro.

Hablamos de temas que no tenían nada que ver con lo que íbamos a hacer, recordamos datos curiosos y nos echamos a reír.

Tan pronto como llegamos al jardín del Ministerio, nos detuvimos.

- Raúl, la vida no se detiene, siempre continúa.

Entendí con gratitud lo que quería decirme. Partiría para reencarnar, tenía muchos planes cuya realización dependería también de la voluntad y libre albedrío de los demás. Pero nada se detiene, todo continúa. La vida desencarnada fue maravillosa para mí, pero necesitaba un período de reencarnación como continuación de la vida.

- Ya sé profesor, que no le gusta que le den las gracias; pero te estoy agradecido, me ayudaste siempre que lo necesité. ¡Gracias!

- Mi recompensa es ver mis enseñanzas fructificar en las acciones de mis queridos alumnos. Estoy orgulloso de ti Raúl, haz lo que yo haría si estuviera en una situación similar. Fue un placer trabajar contigo.

Nos abrazamos tiernamente, casi corrí por el jardín y, cuando llegué a la puerta, miré hacia atrás, el profesor Eugênio ya no estaba. Esperanzado, entré. Mariana me esperaba, feliz como siempre, fue a recibirme.

Pronto me quedé dormido.

REENCARNADO

Esperaba ansiosamente la llegada de mi padre para acompañarme al colegio, era mi primer día de clases. Había cumplido siete años la semana anterior y recordaba con alegría mi fiesta de cumpleaños, donde recibí a mis amiguitos y recibí hermosos regalos.

Estábamos en la sala, me senté en la alfombra a esperar a mi padre, Negrita me había preparado cuidadosamente y yo estaba listo con mucha antelación. Mamá Margaret y Negrita estaban sentadas en el sofá conversando, y Valquíria, mi hermana, estaba tumbada en el suelo, tranquila, con una de sus muñecas rotas. Valquíria rompió todos sus juguetes, incluso los míos.

Si los recogía, parecía gustarle verlos rotos, especialmente los muñecos.

- ¡Ricardo es hermoso, señorita Margaret!

Cuando escuché a Negrita decir mi nombre, presté atención a lo que hablaban, sin dejar de tocar; sin embargo, mi nuevo cuerpo.

- Es verdad, Negrita - dijo mamá, toda orgullosa -, no solo es guapo, también es educado y amable; solo escucho elogios cuando la gente habla de él, estoy orgulloso de mi hijo.

- Es muy parecido al señor Manuel, tiene la misma forma de caminar, de hablar, le gustan las mismas cosas que le gustan a su padre.

- Negra, cuando quedé embarazada de Ricardo, Manuel estaba nervioso, no quería un niño. Cuando nació Ricardo, hasta temí que no le agradara su hijo; a Taís y Telma les gustaba mucho su hermano, ¿recuerdas, Negrita? No estaban celosas y todas, cuando vieron al bebé, dijeron que se parecía mucho a su padre. Manuel se volvió tan extraño, tan desconfiado, que no podía entenderlo, ni siquiera quería agarrar al niño. Después de tanto insistir, lo cogió. Ricardo lloró y permaneció en silencio en el regazo de su padre: a Manuel le gustaba tener al niño en brazos. Y así fue, cada vez que Ricardo lloraba, su padre lo levantaba, se detenía. Siempre le sonreía a su padre, la primera vez que aplaudía era para él, así como las primeras sílabas eran pa-pa. Gracias a Dios, Manuel olvidó su antipatía por el niño y, con el tiempo, empezó a gustarle Ricardo. Ricardo también agrada mucho a su padre, ¡hace todo lo que él quiere!

- Ricardo es así con todos. No tenga celos, señora Margaret. Ricardo también la quiere mucho.

- Lo sé, Negrita, y no tengo celos. Quería que Valquíria fuera como él. Me alegro que esté tranquila hoy, así que terminaré esta toalla del ajuar de Taís.

- Taís se casará el mes que viene. ¡Será feliz, Márcio la quiere mucho! Doña Margaret, cuando usted se casó con el señor Manuel, temí por las niñas, pensé que no funcionaría. ¡Qué tontería, estamos todos tan felices! ¡Taís y Telma te quieren mucho a ti y a sus hermanos! Eres una buena madrastra y hemos vivido bien todos estos años...

- Tienes razón, Negrita, funcionó. Amo a las niñas como si fueran mis hijas y he hecho todo lo que puedo por ellas. A ti también te funcionó, ¿no, Negrita? No te has casado, vives con nosotros como si fuera familia, me gustas y sé que nos quieres mucho. Estás contenta con nosotros, ¿verdad? Lo que nos impide ser completamente felices es Valquíria; es muy fea, extraña, mentalmente débil. Confieso, Negrita, que a veces me avergüenzo de ella. Pasamos consulta con tantos médicos, no hay esperanza de cura, dicen que mejorará, podrá hablar sílabas. Sílabas, Negrita, no frases; ¡y que con ejercicio caminará! Creo que se pondrá cada vez más fea. La miro y me duele el corazón.

- No debería avergonzarse de su hija, señora Margaret. Valquíria está enferma, Dios sabe por qué, no entendemos y preguntamos mucho por qué. Debe ser justo y por su propio bien.

¡Me gusta tal como es y creo que deberíamos amarla más por ser así!

Vi a Valquíria; era fea, de verdad. Tenía cuatro años, solo balbuceaba, gritaba mucho y además babeaba. Ella no caminaba, se quedaba donde la poníamos, le gustaba quedarse en el suelo, a veces gateaba, acostada. Era rubia, tenía el pelo ralo, la cabeza pequeña, ojos rasgados y labios gruesos. Ella no hacía nada sola, solo jugaba y lo enojadas que estaban sus muñecas. Negrita la cuidaba, le cambiaba los pañales, la bañaba y la alimentaba. Valquíria tuvo crisis nerviosas, lloraba y gritaba, sacudiendo piernas y brazos, y nunca pudimos saber por qué. Cuando empezaba a llorar, tuvimos que ayudarla, de lo contrario terminaría lastimándose.

Mamá y Negrita empezaron a hablar de bordar la toalla. Observé a mi madre; era hermosa, siempre estaba bien arreglada y bien vestida. Iba frecuentemente a la peluquería y a la costurera, salía a visitar a amigos y asistía a fiestas. Negrita era quien dirigía la casa, se ocupaba de todo, especialmente de nosotros, mi hermana y yo. Teníamos tres criadas para hacer todo el trabajo y, a pesar que Valquíria hacía mucho desorden, la casa estaba muy ordenada.

En casa no había peleas, tenía dos hermanas mayores a las que quería mucho, eran hermosas y amables. Taís, la mayor, se casaría pronto y mi cuñado, Márcio, era un buen tipo, trabajador, a papá le gustaba mucho, tenía una gasolinera. Telma estaba saliendo con Carlos, quien estudiaba Medicina, y se iban a casar apenas él se graduara. No eran las hijas de mi madre, solo las de mi padre y su primera esposa, que habían fallecido.

A mi madre la llamaban Margaret, no mamá, y eran muy amigas, ni siquiera parecían madrastras e hijastras por las historias que se escuchan por ahí.

- Ricardo, ¿estás listo? ¿Vamos?

Era papá quien había venido a llevarme a la escuela.

Corrí y fui a besar a Valquíria, ella sonrió, ella siempre me sonreía. Luego besé a mi madre y a Negrita y tomé con fuerza la mano que mi padre me había extendido afectuosamente. De la mano recorrimos el corto trecho hasta la escuela, me sentí seguro y orgulloso de él. Me dejó en la puerta del colegio y se despidió besándome la frente.

- Ricardo, empieza hoy, hijo mío, a aprender a ser alguien importante en el futuro.

Entré confiado a la clase, la escuela parecía cumplir con todas mis expectativas de aprendizaje. Me decepcioné a medida que pasaba el tiempo, ella no era exactamente lo que esperaba encontrar, pero me encantó

Estudié, aprendí e hice todo con facilidad. Pasó el tiempo, crecí fuerte y sano, en casa todo iba bien. Taís y Telma se casaron. Taís vivía cerca de casa, siempre estuvo con nosotros y tuvo dos hermosos hijos. Telma se había ido a vivir a otra ciudad y siempre venía a visitarnos. Valquíria no había progresado, no había aprendido a caminar bien, caminaba muy poco, con dificultad y se caía mucho; ella me gustaba mucho y yo le gustaba a ella. Cuando tenía crisis, yo corría y la abrazaba, le hablaba, le contaba historias. Me abrazó fuerte y a menudo me golpeaba, pateándome y abofeteándome. No importaba, ella nunca me lastimó, no tenía fuerzas, la abracé más fuerte y terminé calmándola. Solo yo podía hacer eso, calmarla con cariño. Cada vez que me veía, sonreía y me llamaba "Ri-Ri."

Estaba por cumplir diez años, mi padre me preguntó qué quería de regalo. Hacía tiempo que quería tener una carreta y respondí, sin dudarlo:

- ¡Una carreta de bueyes!

- ¿Carreta de bueyes? - Exclamó mamá -. ¡Qué regalo más extraño, ya ni siquiera utilizamos este tipo de transporte!

Le expliqué cómo lo quería y mi padre se comprometió a buscarlo y regalármelo. En mi cumpleaños lo recibí temprano, le agradecí felizmente, porque sabía que mi padre lo había buscado mucho. Me senté en el suelo y comencé a jugar con él.

Cuando mi padre se fue, lo dejé a un lado y Negrita me dijo:

- ¿No era eso lo que querías, Ricardo?

- Soñé con uno diferente, Negrita.

- Tengo uno en mi habitación, que guardo como recuerdo. Te lo mostraré, ven conmigo. Negrita dormía en una habitación contigua a la cocina. Entramos.

- Negra, ¿recuerdas cuando dormía aquí?

- Ricardo, que idea, aquí nunca dormiste.

- ¿Ni siquiera cuando estaba enfermo, Negrita? Recuerdo haber dormido aquí.

- Nunca dormiste aquí, ni siquiera cuando estuviste enfermo o cuando eras pequeño. Estás imaginando. Estás confundido. Mira, aquí está el carro de bueyes.

- ¡Qué bonito, Negrita! Vaya, exactamente así lo quería, pero no funciona, estaba roto y arreglado. Quería uno así, pero que pudiera caminar. ¿Por qué lo guardas como recuerdo, a quién pertenecía?

- Este cochecito era de tu hermano que falleció, fue un regalo de su abuela. A Raúl le gustaba tanto que, cuando murió, lo guardé como recuerdo. Que raro Ricardo, no lo sé, los dos me gustan igual, no puedo decir quién me gusta más. Aunque Raúl murió hace tanto tiempo, lo siento cerca de mí y lo sigo amando mucho.

- ¿Me parezco a él, Negrita? ¿Cómo era Raúl? A nadie aquí en casa le gusta hablar de él.

- Raúl era físicamente diferente a ti, pero tienes algo en él que no sé exactamente qué es.

- ¡Tómalo, Negrita, guárdalo otra vez, de recuerdo, como un souvenir! Después creo que fue una tontería querer una carreta de bueyes, ni nunca he visto una de verdad...

Esa tarde escuché a Taís comentar que iba al cementerio a visitar la tumba de su madre. Insistí en que ella me llevara.

Acompañé a Taís en la visita al cementerio y me pareció todo muy extraño, nunca había estado allí. Nos detuvimos frente a la tumba y leímos las palabras en la placa de bronce. Allí fueron enterrados Manuela y Raúl. Taís colocó flores y oró. Observé todo, con curiosidad.

- ¿Por qué vienes aquí, Taís? Allí no hay nada, solo esqueletos.

- Bueno, Ricardo, es costumbre, vengo a rezar.

- ¿No es mejor rezar en casa? Taís no respondió y pensé:

- "No vuelvo más aquí, que lugar más aburrido, no creo que la mamá de Taís ni Raúl estén por aquí."

- Taís, cuéntame qué les pasó.

- Ricardo, a papá no le gusta que hablemos de este tema.

- ¿Por qué?

- Creo que sufrió mucho y no le gusta recordarlo. Hizo todo lo posible para que Telma y yo sufriéramos lo menos posible, fue una tragedia. ¡Siempre hizo todo lo posible para asegurarse que no los extrañáramos y ha sido tan bueno!

- Papá no está aquí, ni siquiera necesita saberlo. ¡Anda, Taís, dime!

- Está bien, te lo diré. Yo era muy pequeña, ni siquiera lo recuerdo exactamente. Un día Telma y yo fuimos al ensayo del coro y nos llevó Negrita. Mamá se quedó con Raúl. No sé por qué, nadie sabe qué pudo haber pasado, salieron, los mataron y los tiraron a un pozo.

- ¿Qué pozo, Taís? - Interrumpí.

- Ya no existe, lo taparon al poco tiempo. Cuando terminó el ensayo no los encontramos en casa, buscamos por todos lados y no los encontramos. Llamamos a papá al almacén, ya era de noche, llamó a la policía y todos fueron a buscarlos, vecinos, familiares y amigos. Durante dos días consecutivos de angustia los buscamos. Habían cerrado la casa, no se llevaron nada. En casa no había señales de violencia, no faltaba dinero y no teníamos pistas. Hasta que un granjero, al pasar por el pozo, percibió un olor desagradable, miró dentro y los vio; todo fue muy triste.

- Y el asesino, ¿fue el maldito Loco?

- Sí, los mató y los tiró ahí, en el pozo.

- ¿Lo conoces, Taís?

- ¡Yo! ¡Qué pregunta Ricardo, claro que no, es un cruel asesino!

- Él también es un hombre, hijo de Dios.

- ¡Ricardo!

- No tienes curiosidad por saber cómo es, ¿lo odias?

- No lo odio, perdoné como todo cristiano debe perdonar. No tenía ganas de conocerlo, ¿y por qué tendría que hacerlo? Mató fríamente a mi madre y a nuestro hermano. Raúl ya sería un hombre.

- Si él no hubiera muerto, yo no estaría aquí.

- ¿Por qué, Ricardo?

- Ahora, si mi padre no hubiera sido viudo, no se hubiera vuelto a casar y yo no hubiera nacido.

- Sí. De hecho eso es verdad.

No dije nada más, sabía que el Loco estaba preso en la cárcel de la ciudad y tenía curiosidad por conocerlo, tal es así que durante semanas esta idea se me quedó grabada, solo pensaba en ello. Hasta que surgió una oportunidad. Como no había profesor, nos despidieron. No lo dudé, me dirigí a la comisaría, que estaba en el mismo edificio donde estaban los presos.

El señor Antônio, el comisario, era un hombre amigable y amable, y los comentarios sobre él fueron que era muy humanitario con todos. Tartamudeé cuando dije lo que quería:

- Señor Antônio, vine a visitar, o mejor dicho, a encontrarme con el Loco.

- ¿Sabes, muchacho, que mató a tu hermano?

- Lo sé, señor. Solo quiero verlo, saber cómo es.

- Ven conmigo, te lo mostraré.

No me gustó nada la cárcel. Lugar triste, cuartos pequeños y cerrados, con rejas gruesas. Allí el sol no brillaba mucho, el aire era húmedo y no había mucha luz.

- Aquí está el Loco - dijo el señor Antônio.

Miré con atención, la celda era pequeña y tenía pocas cosas: una cama, una mesa y una silla. Estaba solo. El Loco era un hombre delgado, demacrado, rubio y barbudo, vestido con ropas viejas, pero limpias. Me miró, sus ojos eran azules, muy azules. No sé por qué sentí que estaba sufriendo y no me parecía malo ni asesino.

- ¿Hola! Cómo estás? - Le dije. Él no respondió y me dio la espalda.

- ¿Él no habla? - Le pregunté al señor Antônio.

- Cuando llegó aquí hablaba mucho, a veces durante horas seguidas, luego se calmaba, hoy dice muy poco.

- ¿Recibe visitas?

- No, nunca recibió ninguna, fue abandonado por todos, nunca supimos si tenía familia.

- ¡Pobrecito! - Exclamé y pronto me arrepentí.

¡Qué pensaría de mí el jefe de policía cuando supiera que el asesino de mi hermano era un "pobrecito"! Levanté la cabeza y lo miré. El señor Antônio me sonrió. En sus ojos vi que él también compartía mis sentimientos.

- Gracias, señor Antônio. Si pudieras hacerme un favor más, no le diga a nadie que estuve aquí, vine en secreto.

- No se lo diré a nadie. Conocí al Loco, pero no me calmé. Seguí pensando en él allí, solo, tal vez tenía frío, le faltaba ropa y comida, como dulces y frutas; empecé a planificar cómo volvería a visitarlo y ayudarlo. Mi padre trabajaba mucho y no estaba en casa durante el día, mi madre salía mucho y, en cuanto a Negrita, era fácil engañarla. Tenía la costumbre de decir siempre a dónde iba y solo salir con permiso. No quería mentir, sabía que nunca me dejarían ayudar al Loco y cada vez tuviera más ganas de hacerlo.

- ¡Negrita! - Dije y le di la espalda para que no sospechara -. Tengo un colega en el colegio que es muy pobre, pobrecito, es más grande que yo, muy delgado, decidí ayudarlo. ¿Encuentras algunas cosas para regalarle, una manta, ropa de cama, toalla de baño y ropa? Pero las mías no encajan, ni las de papá, solo si las acortas; Esta tarde le llevaré dulces y fruta.

- ¿Tantas cosas así? Qué idea más rara, Ricardo, llevarse dulces y ropa de cama. ¿Has hablado con tu madre?

- Mi colega se avergonzará si otros se enteran que lo estoy ayudando, me gustaría darle un abrigo y una manta. No necesitas decirle nada a mamá, solo arréglalo por mí.

- ¡Sin órdenes de tu madre, no lo arreglaré!

Le insistí, cuando entró papá y me quedé en shock:

- ¿Qué quieres, Ricardo, para burlarte de Negrita?

- No papi, le pido que me busque unas cositas para dárselas a un niño pobre de mi colegio.

Ni siquiera sé cómo logré mentir, y mi padre ni siquiera se dio cuenta que había hablado medio ahogado.

- ¡Qué bueno eres, hijo! ¿Quieres ayudar a un colega? Puedes darle lo que quieras. Negrita, que ayude a los pobres. Si quieres, Ricardo, ve a la tienda y cómprate un abrigo, nosotros recibimos unos buenos, pero sencillos.

- Gracias papá.

Papá se fue y le dije a Negrita:

- Papá lo permitió, ahora empaca todo lo que te pedí que hicieras. Negrita me miró con desconfianza, me conocía bien, sabía que mentía y que la historia que estaba contando no debía ser así.

Fui a la escuela y después de clase fui a la tienda y compré un suéter grueso del tamaño que pensé que le quedaría bien. Cuando llegué a casa, Negrita había empacado todo lo que había pedido, excepto la manta.

- No tenemos en casa para regalar, Ricardo, usamos muchas para Valquíria.

No respondí nada. Entré a mi habitación, luego tomé una de mi armario, era gruesa, buena y lo calentaría en ese lugar frío. Lo escondí en el bolso con la otra ropa. No quería que Negrita viera que iba a llevarme mi manta nueva.

A las dos decidí llevarlo.

- Ricardo - dijo Negrita -, ¿no es mucho para que lo cargues solo? ¿Quieres que te acompañe?

- Me lo tomo con calma, Negrita, no es mucho.

Caminé rápidamente, mirando a mi alrededor, asegurándome que nadie conocido me viera.

- Buenas tardes, señor Antônio, vine a traerle unas cosas al Loco. Si lo autorizas te lo haré saber agradecido.

- ¡Vaya, tanto! ¿Tus padres saben sobre esto?

- Bueno, más o menos, ya sabes que esto es para una persona pobre; simplemente no les dije quién era el pobre, tampoco preguntaron. Solo tú lo sabes, pero guardarás este secreto, ¿no?

El señor Antônio se rio.

- Está bien, será nuestro secreto, ven, te abriré la puerta para que entres a la celda, de hecho, nunca está cerrada.

- ¿No lo está?

- El Loco nunca quiso huir. Con la puerta abierta o cerrada, no te acerques a la rejilla.

Entré a la celda con el señor Antônio.

- ¡Buenas tardes, "señor" Loco!

Se volvió hacia mí, su rostro no cambió. Él solo me miró, seguí hablando, todo en prosa:

- Mi nombre es Ricardo, vine a visitarte y te traje algunas cosas. Guayaba, galletas y fruta, ¿te gusta? Aquí está, sábanas, toallas y una manta, ¡que calentita! ¡Mira esta ropa!

El Loco miró todo lo que saqué de la bolsa y me sonrió. Me sentí tan feliz con su sonrisa que me sentí recompensado y pensé que la mentira no era un mal acto. Tomó un caramelo y se lo comió cortésmente.

- Bueno, ahora me tengo que ir, hasta luego.

Y ante el asombro del comisario, dijo:

- Gracias.

¡Salí feliz, tan feliz que Negrita se dio cuenta enseguida!

- Vaya Ricardo, llevarle esas cosas a tu amigo te hizo bien, hace mucho que no te veía tan feliz. A veces me siento triste, no sé por qué. ¿Tú sabes?

- No lo sé, Negrita, extraño un lugar y no sé ni dónde está. Quería ir a una escuela diferente, pero no puedo explicar cómo. Anhelo irme y no sé ni adónde.

-Qué complicación chico, esto pasará, deberías repetir lo que hiciste hoy, que bueno verte feliz.

"¡Repetir!" Negrita me dio una idea, iba a visitar nuevamente al Loco y llevarle comida y dulces, muchos dulces.

- Lo que tienes que hacer, Ricardo, es estudiar mucho, si quieres ser médico, y un día estudiarás en otra ciudad - dijo Negrita saliendo de la habitación, dejándome solo.

Pensé: "¿Por qué extraño cosas que no entiendo del todo? Me gustaría ir a una escuela llena de amigos, con profesores que comprendan a sus alumnos, donde haya respeto y no haya peleas. Me pregunto si ¿dónde hay una escuela así? ¿Dónde? ¿Por qué te extraño y no puedo saber dónde? Creo que es mejor no pensar más en eso sino saber cómo visitar al Loco nuevamente.

Pensé, pensé y pensé que el jueves sería ideal: por la tarde mamá tomaría el té con sus amigas, era el día de fisioterapia de Valquíria y Negrita estaba muy ocupada. Saldría de casa sin problemas. Negrita pronto descubrió que faltaba mi manta, tuve que decirle que se la había regalado a mi amigo; ella me regañó, pero no le dijo a mamá, siguiendo mi pedido.

El jueves fui a visitarlo nuevamente y llevé lo que tenía preparado en mi casa: pastel, galletas, dulces y fruta. Conversamos, o mejor dicho, hablé, él simplemente me escuchaba, parecía gustarle verme. Casi todos los jueves iba a visitarlo, parecía que alguien me ayudaba a salir, pensé, era Dios quien aprobaba lo que estaba haciendo, ¡incluso parecía que todo se me hacía más fácil cuando salía!

Nadie había contado lo mío y nunca se interesaron por mi pobre amigo a quien llevaba ayuda. Dije en casa, durante el horario de clases, que iba a hacer trabajos en grupo, o ir a la biblioteca; en vacaciones fui a casas de amigos e incluso fui a jugar al patio, disculpándome porque no quería ver a Valquíria hacer ejercicio, entonces elegí bien el día. Mamá salía y Negrita estaba ocupada con Valquíria; a mi hermana le costó mucho hacer los ejercicios. El señor Antônio y los pocos soldados prometieron no decirle nada a nadie.

Y entonces fui a visitar al Loco. Papá me dio dinero, me dio todo lo que le pedí y con mi mesada compré lo que pensé que necesitaba. A veces también les hacía favores a los otros presos, pero los demás siempre estaban quejándose, no me interesaba hablar con ellos, sino con mi amigo.

En las primeras visitas, mi extraño amigo respondía con la cabeza o con monosílabos y yo hablaba por los dos contándole acontecimientos que me habían sucedido. Una vez pregunté:

- ¿Te gusto, Loco? - Él respondió "sí", asintiendo con la cabeza. Continué: - De acuerdo, amigo entonces dime cómo te llamas, no te llamas Loco, ¿verdad?

Me miró con tristeza, sus ojos se abrieron y no respondió.

- "Quizás no lo sabe, no lo recuerda" - pensé.

- No pasa nada amigo, debes haberlo olvidado, todos lo llaman Loco y ese apodo no es tan malo. Él sonrió y le pregunté más: -Loco, ¿sabes orar? ¡No! ¿Quiere aprender? Te enseñare.

Recité lentamente el Padrenuestro, a él le gustó, así que decidí enseñarle no solo a orar, sino también una religión, la que él asistía, la católica.

Empecé a llevarle libros y a leerle, le conté muchas veces la vida de Jesús, le leí un Evangelio de niños, con bellas imágenes. Terminé regalándole el libro, porque a mi amigo le gustó mucho y, según me dijeron, se pasaba horas hojeándolo. Cuando me vio sonrió alegremente y prestó mucha atención a todo lo que le decía. Un día me dio una sorpresa: apenas entré en su celda, me dijo lentamente, con su voz extraña y desafinada:

- Ricardo, sé rezar solo.

¡Y recitó, con emoción, la oración del Padre Nuestro y el Ave María!

- ¡Qué bonito, Loco! ¡Él oró correctamente!

No habló más y nunca más repitió sus oraciones en voz alta. Con gestos me hizo entender que rezaba todos los días.

Han pasado tres años...

Lo encontré con gripe esa semana; lo encontré desanimado y triste, pero pensé que pronto sanaría. Pero el lunes, cuando iba a la escuela, me encontré en la esquina con el señor Antônio, el jefe de policía. El me llamó. Fui hacia él.

- Ricardo, te estaba esperando. El Loco está enfermo y quiere verte, tu amigo no se encuentra bien. Llamamos al médico, está medicado, pero no reacciona a la medicación. Me pidió que te llamara para avisarle.

- Gracias señor Antônio, iré tan pronto como pueda.

Entré al salón de clases molesto y preocupado, el lunes era un día difícil para salir de casa, tenía que inventar una buena excusa. No podía prestar atención a la clase.

- Ricardo, ¿qué pasa? ¿Estás enfermo? - Preguntó el maestro justo después del recreo. Sin pensarlo mucho respondí:

- Sí, lo estoy, quiero irme.

El director fue notificado y me dio permiso de inmediato.

- Puedes irte Ricardo, ¿quieres que te acompañe?

- No señor, voy solo.

Ser un buen estudiante y diligente tenía sus ventajas, nadie dudaba de mí. Sentí un poco de remordimiento por mentir, pero ¿cómo podría decirle que iba a visitar al asesino de mi hermano y que era su amigo? Salí rápidamente del colegio y, para que nadie sospechara, di la vuelta a la manzana y me dirigí rápidamente a la comisaría.

- Señor Antônio, ¿qué le pasa al Loco? - Pregunté.

- Su estado es grave, empezó como una gripe, compré medicina, pero no sirvió. Ayer llamé a un médico para que lo examinara y le encontraron neumonía avanzada. Recomendó que lo internamos en un hospital, porque está débil y su estado requiere cuidado. Cuando escuchó que debíamos llevarlo al hospital, lloró y, ante nuestro asombro, pronunció frases y nos pidió: "Señor Antônio, por favor no me lleve al hospital. Vivo aquí desde hace mucho tiempo. Tanto tiempo y aquí quiero morir. Ten piedad de mí, déjame aquí, no quiero ir a ningún otro lado."

- El médico me dijo que difícilmente sobrevivirá, porque su corazón está débil y fallando. Esta es su casa, estuvo encarcelado durante tanto tiempo que no quiere que lo liberen en su celda. Sí, Ricardo, libre del cuerpo y de la cárcel.

Corrí por el pasillo para ver a mi amigo, la puerta estaba abierta, como siempre. Estaba acostado y, al verme, sonrió y exclamó:

- ¡Amigo! - Estaba rojo de fiebre y respiraba con dificultad.

- Loco, ¿cómo estás? Todo mejorará pronto, amigo. ¡Ora! Recé, le conté algunas partes de la vida de Jesús que sabía que más me gustaban, el nacimiento del Maestro en Belén, la parábola del "Señor de la Vid" y la de "Lázaro y el Rico."

Me quedé con él hasta que terminó mi clase. Me despedí de él, sonrió y había gratitud en sus ojos. Ni siquiera logré almorzar como es debido, solo pensaba en él, quería volver a verlo y terminé diciendo Negrita:

- Voy a casa de un colega a llevar un cuaderno, hoy faltó a clase y tengo que darle la lección.

- Está bien, Ricardo.

Rápidamente fui a ver a mi amigo.

El señor Antônio, al verme, dijo:

- Ricardo, ¡me alegro que hayas vuelto! El doctor se acaba de ir, lo volví a llamar, porque apenas te fuiste empeoró y se sintió mal. Esperamos que muera en cualquier momento.

Entré a su celda y lo llamé:

- Loco, Loco, soy yo, Ricardo.

Con esfuerzo abrió los ojos, me miró, esta vez no sonrió, dos lágrimas corrieron por su rostro. Yo me senté en su cama y el señor Antônio en la silla. Tomé su mano, intentó mirarme nuevamente, sus párpados se abrieron un poco y luego se volvieron a cerrar.

Tenía la mano fría y respiraba con dificultad. Pasaron unos minutos y, de repente dejó de respirar, se calmó suavemente. Miré al señor Antônio.

- Murió, Ricardo, lo soltaron.

Tenía trece años, nunca había visto morir a nadie, pero no me impresionó. Sin embargo, me dolía la idea de no volver a ver a mi amigo. Empecé a llorar y el jefe de policía me consoló.

- Ricardo, no llores, fue mejor para el Loco, deja ir en paz a tu amigo. No deberíamos llorar cuando la vida de un amigo mejora...

Me calmé.

- Me voy y no vuelvo más aquí, gracias señor Antônio, gracias por todo.

- ¿No quieres quedarte con algo suyo como recuerdo?

- "Recuerdos... Nos basta lo que queda en el corazón" pensé.

- No señor, no quiero, gracias. Salí molesto y solo me sentí mejor después de orar mucho por él. Al otro día mi padre comentó:

- Ayer murió el Loco, hoy lo enterraron. El jefe de policía y los soldados compraron un ataúd y lo enterraron.

Nadie comentó nada. Sentí que me dolía el corazón, pero en ese momento tuve la seguridad que mi amigo estaba bien. Cuerpo, ataúd, entierro, eso no debería interesarle ni a él ni a mí.

Después de un rato, Negrita comentó:

- Ricardo, ¿ya no vas a ayudar a ese amigo tuyo? Ya no sales los jueves, ¿qué pasó?

- Mi amigo Negrita se alejó. Dondequiera que iba ya no necesitaba mi ayuda y el grupo de estudio de los jueves se disolvió.

- ¡Qué bueno Ricardo, puedes ayudarme con los ejercicios que viene a hacer doña Eliza con Valquíria, ella solo se calma contigo!

Pasó el tiempo, vivíamos felices, teniendo problemas comunes y solucionables, como todos los encarnados.

DE REGREO

Cumplí dieciséis años, mis padres hicieron una gran fiesta y la casa estaba llena de amigos. Le gustaba a todo el mundo y era amado por ellos. Fue un motivo de alegría y orgullo para mis padres, especialmente para mi padre. Sentí una alegría que no podía entender cuando sentía que mi padre me amaba y realmente no entendía por qué quería que él me quisiera tanto y por qué siempre necesitaba complacerlo y hacer todo lo que él quería, con cariño. A veces mi madre comentaba este hecho, lo que a ella también le agradaba, pero era a mi padre a quien yo más deseaba agradar y hacer feliz. Pronto iban a empezar las clases, estaba cursando el segundo año de la carrera técnica de contabilidad. Estaba disfrutando los últimos días de mis vacaciones; sin embargo, no me quedé de brazos cruzados, ayudé a mi padre en la tienda; de vacaciones fui todo el día; Durante el horario de clases, fui por la tarde. Trabajaba en la oficina del almacén y ya hacía un trabajo responsable. Papá siempre decía, con orgullo:

- Tú, Ricardo, eres el hijo que todos mis amigos quisieran tener.

Desayunamos ese sábado por la mañana, estaba feliz, me desperté feliz y tranquilo.

Negrita dijo:

- Ricardo, es hora de pensar en lo que vas a estudiar, leer e irte a otra ciudad.

- Deberías estudiar para ser médico – dijo mamá -. Eres estudioso e inteligente, ¿qué tal ser médico como Carlos, hijo?

- No lo sé – respondí desinteresado.

- Este chico no sabe nada - refunfuñó Negrita.

- Bueno, no lo he decidido, no sé si seguir estudiando o ayudar a papá - Papá sonrió:

- Ricardo, hijo mío, todavía soy fuerte, y como no soy viejo puedo encargarme de todo solo. Tienes que pensar en tu futuro y harás lo que creas que es mejor. Cuando murió mi primera esposa, dividí lo que era suyo entre las chicas, ellas están bien económicamente y felizmente casadas. Valquíria nunca podrá tener nada. Lo mío será tuyo, el almacén, esta casa. Si te gusta este trabajo, quédate conmigo, pero si quieres ser médico, ve a estudiar, la elección debe ser tuya.

- Gracias papá. Quiero pensar detenidamente para resolverlo.

- Hay tiempo, faltan dos años para graduarse.

Mis padres se fueron y Negrita volvió a insistir:

- Ricardo, no puedo entenderte, ¡a veces pareces tan extraño! ¿Alguna vez has notado que no hablas del futuro? Es como si él no existiera para ti, no haces planes, no quieres casarte, ni siquiera piensas en novias. ¿Por qué?

- No lo sé, no quiero respuestas que no sé dar. ¿Por qué crees que es extraño? ¿Solo porque no sé si voy a seguir estudiando o no? Es como dijo papá, tengo este año y el próximo, tengo tiempo para pensar. En cuanto a las citas, creo, Negrita, que ya no me conviene, todavía me siento un chico; luego, cuando me vaya, no quiero dejar a ninguna chica sufriendo por mí.

- ¿Irte? ¿Vas a estudiar en otra ciudad? ¿Por qué siempre dices eso, Ricardo: "ya me voy", "cuando me vaya"?

- ¡No lo sé, Negrita, me estás confundiendo con tantas preguntas!

Salí de la cocina y me quedé en el porche esperando a mi padre para ir a la tienda. Los sábados solo abríamos la oficina por la mañana, por la tarde teníamos libre. Seguí pensando:

- "¿Tiene razón Negrita? ¿Podría ser diferente de los otros niños porque no me gustaba pensar en el futuro ni hacer planes? ¿Por qué ese sentimiento que me iba a ir, que me iba y no quería?"

- ¿Sabes dónde? A veces, sobre todo en los últimos meses, parecía que me estaba despidiendo de todo y de todos. Tenía la impresión que iba a cambiar. ¿Hacia dónde?"- dijo Taís con buen humor.

Fuimos a la oficina, volvimos a almorzar, era un día muy caluroso que presagiaba tormenta.

Papá almorzó, se fue y pronto regresó.

- Ricardo – dijo -, voy a un lugar cercano, ¿tú también quieres venir? Me ofrecieron comprarlo, quiero ver el lugar y si el terreno es bueno ayúdenme a opinar, volveremos pronto. Joaquim y Pedro irán con nosotros, ¡ven!

Joaquim y Pedro eran empleados y amigos de papá, les gustaba salir a caminar y pasar el rato con él. También me gustaba salir con mi padre, disfrutaba del campo y la invitación me emocionaba.

- Sí, lo haré.

- ¡Cuidado, pronto debería haber tormenta, hace mucho calor! - Dijo mamá, cuando nos despedimos.

Fuimos en un jeep y hablábamos animadamente. Pronto llegamos, dimos un paseo por el lugar, papá observó todo lo que tenía el lugar, la calidad del terreno, y yo, la belleza de los árboles, el verde pasto. El calor aumentó, el aire, que parecía quieto, empezó a moverse con el viento, que se hacía cada vez más fuerte; Nubes espesas y oscuras cubrían el cielo.

Paramos en la sede. Allí había poco, todo parecía abandonado desde hacía mucho tiempo. Había una casa, una casa antigua y extraña, pintada de amarillo, era un edificio largo y, desde donde estábamos, solo veíamos una puerta y algunas ventanas, todas cerradas.

- Esta es una antigua masía - dijo Joaquim -, no se puede utilizar, está en ruinas.

- La veré antes que llueva – dijo mi padre -, tengo la llave de la puerta.

- Yo iré contigo – dije.

- No Ricardo, tú quédate, estás usando zapatillas y con tanto matorral cerca puede haber animales, serpientes. Quédate aquí y no te bajes del jeep, volveré pronto. ¡Qué mal gusto construir una casa tan larga como esa!

Papá entró en la casa y fuertes relámpagos comenzaron a atravesar el cielo, seguidos por el sonido de un trueno.

Un relámpago nos iluminó más y nos hizo estremecer.

- Estuvo cerca, Ave María - dijo Pedro.

- ¡Fuego, fuego! - Dijo Joaquim.

El trueno nos ensordeció. El rayo había caído sobre la fachada de la casa y el fuego se estaba extendiendo rápidamente por el tejado.

- ¡Mi padre! - Grité.

Salté del jeep y corrí, entré a la casa, vi las llamas en el techo y el humo invadiendo el lugar, impidiéndome ver bien. Angustiado, gritando llamando a mi padre, fui de una habitación a otra, comprobando si papá no estaba tirado en el suelo. La casa no estaba del todo vacía, había muebles viejos, cestos, herramientas y para mi desesperación no respondió.

Ni siquiera estoy seguro de cuántas habitaciones pasé. Cuando lo vi, estaba tratando de levantarse, se le había caído un pedazo del techo. Estaba sucio, polvoriento, se había lastimado la cabeza y la herida sangraba. Lo ayudé a levantarse.

- Vamos papá, salgamos rápido de aquí, pronto se derrumbará el techo. ¿La puerta de atrás? ¿Podemos hacerlo?

- No, está cerrada. Tenemos que seguir adelante – dijo papá con dificultad, el humo empezaba a asfixiarnos.

Abracé a papá, puse su brazo izquierdo sobre mis hombros, con mi brazo derecho sujeté su cintura y lo arrastré hacia la salida. Hice lo mejor que pude; me ardían los ojos y tosía. El humo me impidió ver bien, tropecé entre los escombros. Papá era alto y fuerte, tenía algunos kilos de más, pero no era obeso. Empecé a sentirme mareado y vi que a papá le costaba caminar y respirar; esos pocos metros me parecieron kilómetros, las llamas ya bajaban desde el techo hasta las ventanas y a través de los objetos del suelo. Tratando de ser cautelosos, caminamos, intentando evitar el fuego y llegar a la puerta. Cuando llegamos a la sala del frente, me sentí casi aliviado y asustado. El fuego allí era más grande, tomé fuerzas y grité:

- ¡Joaquim, Pedro!

Ya casi estábamos en la puerta, solo quedaban unos pasos, parte del techo en llamas se derrumbó, solo tuve tiempo de doblar mi cuerpo y proteger a mi padre. Sentí el golpe de un rayo que caía en llamas sobre mi espalda y mi cabeza. No podía moverme, pero no perdí el conocimiento. En el mismo momento en que sentí el golpe, los oí decir:

- Aquí están, quitémosles las vigas, apaguemos el fuego.

Joaquim y Pedro llegaron a nuestro rescate. Al escuchar mi grito vinieron a ayudarnos, pues esperaban que saliéramos por la parte trasera de la casa. Los sentí quitar los pedazos de tejas y vigas de encima de mí y con sus ropas apagaron el fuego en la mía. Nos sacaron a rastras.

Nos dejaron tirados en el suelo a unos metros de la casa. Estaba de cara a la casa y podía ver el fuego alto y una gran cantidad de humo que se elevaba, parecido a una gran chimenea. El fuego siempre me pareció hermoso y, en ese momento, a pesar de todo, pensé que era hermoso, las llamas fuertes, vivas, devorándolo todo.

El aire fresco me había quitado la asfixia, aunque mi respiración no era normal; escuché a mi padre toser y lo sentí moverse, recuperándose a mi lado.

Comenzó a llover. Unas gotas espesas me enfriaron la cara y comencé a sentir un dolor, un dolor insoportable en la espalda y la cabeza.

Sentí que papá se había arrodillado a mi lado, lo vi, estaba sucio y ensangrentado, el agua de lluvia lo había ayudado a salir del aturdimiento en el que se había encontrado momentos antes. Lo noté preocupado, me miró angustiado y empezó a gritar.

- Ricardo, Ricardo, respóndeme hijo, ¿vale?

Me esforcé mucho, relajé mi rostro, luchando contra el dolor que sentía y las ganas de gritar, logré sonreírle.

- "Está bien - razoné -, eso es lo que me importa, habla, se levantó, ¡está bien!"

Intenté moverme, no podía, sentí que estaba muy quemado. La lluvia fresca que me mojó fue una bendición; entendí que todo había sucedido en unos minutos.

Entonces me pasó algo extraño, parecía que me desdoblaba, parecía que me transformaba en dos, estaba teniendo una visión y al mismo tiempo veía y oía a mi padre a mi lado.

- Hijo mío, mi Ricardo, sálvalo, Dios mío, ¿por qué? No deberías haber venido a ayudarme, hijo mío. ¿Sientes dolor? ¡Háblame!

Joaquim y Pedro, sorprendidos, dudaron sobre qué hacer, pero decidieron:

- Saquemos los asientos traseros del jeep, acostemos a Ricardo con cuidado, yo conduzco y nos vamos directo al hospital.

Y la visión clara pasó como una película, estaba herido dentro de un pozo, también sentía dolor, estaba en agonía. Me habían asesinado, ahora yo era el asesino, Dios mío, había matado a alguien, era yo con una apariencia diferente y había matado a mi padre.

- Ricardo, Ricardo – llamó mi padre llorando.

La visión desapareció y también el dolor. Lo escuché, quise decirle algo a mi padre y me esforcé, concentré toda mi voluntad, todas las fuerzas que me quedaban, mis labios me obedecieron y logré tartamudear:

- ¡Lo siento, lo siento!

Mi padre se había quedado en silencio y lo vi todavía mirándome angustiado, en agonía. Entonces me pareció que me habían sorprendido, luego no vi ni sentí nada más: me quedé dormido.

Me desperté al cabo de un rato, abrí los ojos lentamente y me sentí perdido. No podía saber dónde estaba ni cómo estaba. Poco a poco sentí mis brazos y piernas, moviéndome solo con las manos, vi el techo blanco, miré temeroso a los lados, moviendo solo los ojos, y vi que estaba acostado en una cama.

Me acordé de los relámpagos, de las llamas, de papá, de las quemaduras y del dolor, ¡ay el dolor! ¡Qué extraño, ahora no sentí ningún dolor!

- Ricardo – dijo una voz armoniosa y desconocida –, ¿cómo te sientes?

Instintivamente moví la cabeza y miré hacia el lado de donde había venido la voz. Vi a dos lindas señoras sonriéndome. No las conocía, pero sentí que las amaba.

- Puedes moverte, está bien y si quieres puedes sentarte. Mi nombre es Margarita y ella es Manuela.

Miré a la otra señora y la encontré muy parecida a mi hermana Taís, no sé ni por qué dije:

- ¿Manuela? ¿La madre de Taís?

Ella sonrió, me senté, me moví con facilidad y mi voz salió sin esfuerzo. Me sentí completamente y estaba feliz, no tenía ninguna lesión, hice un examen rápido de mi situación y dije lo que pensaba:

- Estoy perfecto, no tengo ningún dolor, a pesar de estar tan quemado. Porque estoy bien, ¿morí? - Pregunté.

- ¿Morir?

- Tu cuerpo quedó quemado y fracturado, sí; pero tú no. Estás aquí con nosotros y te amamos mucho.

Quería llorar, tenía miedo de lo desconocido y de la situación diferente que enfrentaría, pero no lloré. Las miré, eran tan amigables, podía sentir que me querían y confiaba en ellas; me quedé quieto y me volví a quedar dormido.

Me desperté, esta vez mejor, me sentí muy bien y más tranquilo. A mi lado, Margarita y Manuela me consolaban con cariño. Observé el lugar donde estaba, me pareció familiar y ya no sentí miedo. Pronto me levanté de la cama caminando por los hermosos jardines del hospital, luego por la Colonia, y todo me encantó. Entendí que ese era el lugar que tanto extrañaba. Muy rápidamente comprendí que vivía sin mi cuerpo físico, y que allí, la Colonia, era una de las direcciones de la casa del Padre.

Pasaron los días y me sentí feliz, recibí una visita agradecida.

Lo reconocí más por afinidad, era el Loco, estaba cambiado, vestía de blanco, sencillo y elegante, se veía sano e inteligente. Me recibió y nos abrazamos felices.

- Mi nombre es Juan Felipe, estoy feliz de abrazarte amigo, quiero agradecerte por todo lo que hiciste por mí, fuiste mi amigo, me ayudaste y me enseñaste oraciones. Orar, Ricardo, me dio mucho consuelo, me consoló mucho y aprendí mucho. Escuchar el Evangelio iluminó mi espíritu, me dio otra comprensión de la vida y me hizo perdonarme a mí mismo y a los demás. Regresé en paz y agradecido. Gracias amigo.

Hablamos mucho, me alegré de verlo bien.

Doña Margarita fue mi guía, me llevó a conocer todos los lugares permitidos en la Colonia, además de responder todas las preguntas que le hice. Ese día pregunté:

- Doña Margarita, ¿no pudiste ver a mi hermano que falleció hace mucho tiempo? Se llama Raúl, doña Manuela es su madre, ella debe saber dónde está. ¡Cómo me gustaría tenerlo conmigo!

Mi amiga sonrió y cambió de tema, explicándome las flores que me parecían hermosas.

Me llevaron a asistir a clases a un colegio para jóvenes y niños, muy bonita, bien arreglada y organizada. Estaba encantado, finalmente había encontrado la escuela que siempre había querido. Los niños estudiaban separados de los jóvenes, las clases eran agradables y los profesores amables y simpáticos. Las lecciones fueron instrucciones sobre la enseñanza evangélica y la comprensión de la vida sin el cuerpo físico. Era para principiantes; Aprendí que las enseñanzas allí eran vastas y abarcaban conocimientos sobre todos los temas.

Empecé a vivir en el alojamiento del colegio, compartía habitaciones con jóvenes de mi misma edad. Allí todos se respetaban, y solo de vez en cuando yo extrañaba mi habitación en mi hogar terrenal, pero muchos compañeros realmente extrañaban sus hogares y objetos, así como una habitación propia. Nos reuníamos y hablábamos mucho, luego hablábamos de cómo fallecimos, hablábamos de nuestros padres, de nuestra ex casa, de amigos y familiares.

Hablé de mi muerte con un dejo de orgullo y siempre escuché de mis colegas:

- ¡Qué héroe fuiste! ¡Qué coraje! ¡Salvaste a tu padre! Sin embargo, todos teníamos un problema en común: nos echábamos mucho de menos y los seres queridos que lloraban y nos llamaban nos molestaban, haciéndonos sufrir. A veces sentíamos que lloraban dentro de nosotros y necesitábamos ayuda de los maestros para que no seamos perturbados.

Muchas veces lloramos desesperados, solo calmándonos con pases, incluso conciliando el sueño, usando el sueño como terapia. Me había pasado muchas veces, escuchaba gente llamándome, me sentía inquieto y angustiado, pensaba: "Seguramente si pudiera, acudiría a ellos en estos momentos", tal era la desesperación que sentía.

Y comentamos:

- ¿No saben los padres que a ellos también les llegará la muerte del cuerpo? ¿Y que nos volveremos a encontrar? ¡La separación no es eterna!

¿Por qué me llaman tanto? A veces quiero ir con ellos. Lloran mucho, me están haciendo daño y ni siquiera lo saben. Sin embargo, estábamos seguros: éramos amados. La escuela proporcionó música y mucha recreación para mantenernos entretenidos. Intenté con todas mis fuerzas no dejarme abrumar por las sensaciones de mis familiares encarnados, orando con fe cuando sentía que me llamaban. Mejoré y me acostumbré fácilmente a mi nuevo hogar. Pero no todos se adaptaron fácilmente. Allí había mucha disciplina, horarios y orden, pero no todos se llevaban bien con las nuevas costumbres. Tardaron más en acostumbrarse y extrañaron no solo a sus familiares, sino también bienes materiales, viajes y amigos. Las enseñanzas fueron claras, explicadas con sabiduría y sencillez;

cuando tomé una clase sobre reencarnación, me sentí fascinado por el tema y entendí que sabía mucho, que solo estaba recordando y que las reencarnaciones eran oportunidades dadas por la bondad del Padre.

Después de clase me quedé en el jardín pensando en el asunto, mientras esperaba la visita de doña Margarita y doña Manuela. Terminé caminando, yendo a otra ala del colegio que no conocía; allí; sin embargo, todo me resultaba familiar, recordaba cada detalle con precisión.

- ¡Ricardo!

- ¡Profesor Eugênio! Nos abrazamos, pero yo no estaba seguro si lo conocía bien o no, le pregunté tímidamente:

- ¿De dónde te conozco?

Él sonrió, ya no me importaba si lo conocía o no. Entendí que lo quería mucho.

- De otros tiempos. Lo que importa es que te acordaste de tu antiguo maestro, incluso me llamaste por mi nombre.

- Eras mi maestro antes que yo reencarnara como Ricardo, ¿no? ¿Por qué no eres mi maestro ahora?

- Guío, querido, a chicos que han tenido desencarnaciones no tan comunes y que tal vez no se sientan muy cómodos entre jóvenes como tú ahora.

- ¿Hace mucho tiempo que asesoras a jóvenes así?

- Ha pasado mucho tiempo, realmente amo lo que hago y tuve la gracia de poder ayudar a guiar a muchos jóvenes en la vida, tanto aquí, desencarnados, como cuando están en el cuerpo, encarnados.

- ¡Eras mi maestro, entonces! Me acuerdo de usted señor; que te quiero bien, y ya está. ¿Qué nombre tenía?

- Raúl.

Solo tuve que escuchar el nombre y recordé:

- ¡Fui Raúl, sí, Raúl, mi hermano!

¡Qué bueno, era mi hermano!

- Tuviste dos existencias teniendo el mismo padre. Reencarnaste y te llamaste Raúl, en honor a Ricardo.

Lo abracé de nuevo; sí, ahora lo recordaba, el profesor Eugênio me ayudó mucho y, como Raúl, asistí a una sala especial; Al igual que Raúl, no lloraron tanto por mí.

- Lo recuerdo ahora, pero no en detalle.

- Los recuerdos llegarán con el tiempo.

- Profesor Eugênio, le estuve y le estoy muy agradecido, ¡me ayudó mucho! Quería que supieras que conocí a la persona que me asesinó, cuando era Raúl, y yo era amigo de él. Desencarnó antes que yo, vino a visitarme. Me alegro mucho de verte profesor, me gustaría volver a ser tu alumno, ¿no?

- Ricardo, estás muy a gusto con estos jóvenes, ahora se parecen entre sí. Tus problemas son los mismos que los de todos los demás: extrañas a tus seres queridos, tus amigos, tus familiares sufren por ti. Y tú, Ricardo, eres considerado un héroe, salvaste valientemente a tu padre. Estudiar conmigo sería desaconsejable, mi clase siente y actúa diferente a ustedes.

- ¿Sabes lo que me pasó? - Pregunté.

- Sí, siempre me interesan mis alumnos. Me alegré que tuvieras éxito como Ricardo y de un regreso tan feliz entre nosotros.

- Te lo debo a ti. Si no puedo ser tu alumno, siempre seré tu amigo y estoy orgulloso de ello.

Estar ayudando a otros como me ayudaste a mí, cuando volví asesinado junto con mi madre, como Raúl. Ahora me siento bien con los jóvenes con los que vivo como Ricardo. Gracias de nuevo; es curioso que parezco dos, Raúl y Ricardo.

- Con el tiempo, con todos los recuerdos, solo serás tú, un espíritu eterno, recordando tus existencias.

- ¿Todos las recuerdan así, como yo?

- No, los recuerdos espontáneos son logros, aprendiste en el pasado y te será fácil ahora.

Llamaron al profesor Eugênio y nos despedimos prometiendo volver a encontrarnos.

Regresé al pabellón donde vivía y me sentí feliz. Si no sintiera que los míos sufren tanto por mí, sería completamente feliz. En el jardín donde nos reuníamos todos los días me esperaban doña Margarita y doña Manuela y sentí que el corazón se me aceleraba. Emocionado, grité:

- ¡Abuela Margarita! ¡Mamá Manuela! ¡Cómo las amo! - Nos abrazamos felices y no pudimos contener las lágrimas.

- ¿Te acuerdas, hijito?

- Sí, me acordé que yo era Raúl, entonces tú eres Manuela, mi madre, y tú eres mi abuela.

Hablamos animadamente durante un largo rato. Luego me invitaron a ir a vivir con ellas; acepté e iría tan pronto como recibiera autorización.

Sintiéndome muy bien les dije a mis amigos que había descubierto que tenía abuela y madre en la Colonia; esperaba ansiosamente permiso para conservarlos.

El otro día estaba esperando que vinieran la abuela y mamá, pero solo vino la abuela Margarita. Después de saludarnos, dijo seriamente:

- Ricardo, tus padres están sufriendo mucho. Manuel necesita ayuda y creemos que solo tú puedes ayudarlo.

- ¿Necesita ayuda? ¿Por qué?

- Eres muy querido y todos lamentan mucho tu fallecimiento.

- Lo sé, los siento llorando por mí, llamándome, pero todos en mi clase enfrentan este problema. ¿No pasará con el tiempo?

- Ricardo, te voy a contar una historia. Érase una vez tres espíritus que, de rencor en rencor, se odiaban y cometían muchos errores.

La abuela me narró y yo comencé a ver, a sentir y pronto entendí que los personajes del cuento éramos papá, mamá y yo.

Cuando me narró la escena del pozo, me estremecí y la interrumpí:

- Basta abuela, por favor, ya me acordé de todo cuando fallecí. Mientras moría, quemado, tuve una visión, vi mi desencarnación como Raúl, en el pozo, y vi que en mi vida anterior maté a mi padre. Ahora entiendo esta visión, como también entiendo por qué me esforcé tanto en hacer que papá me amara; Pobre tonto, él no fue quien me asesinó.

- Si lo recuerdas, conoces su historia.

- Sí, lo sé, cuando me visitó dijo que se había perdonado a sí mismo y perdonado a todos; la abuela, no le guarda rencor a papá, me alegro de haber podido ayudarlo.

Nos quedamos en silencio durante unos minutos. Entonces pensé que lo que se acabó ya se acabó y traté de ser feliz.

- Abuela, cuando fui a visitar a Juan Felipe a la cárcel, sentí que alguien me estaba ayudando y que tuve mucha suerte que nadie se enterara. Fuiste tú quien me ayudó, ¿no?

- Sí, Ricardo, prometí seguir tus pasos, mientras estabas encarnado, e hice todo lo que pude para ayudarte.

- Gracias abuela, nuestra historia es triste, pero con final feliz: nos reconciliamos y, de enemigos, pasamos a ser amigos.

- Ricardo, la historia aun no termina. Si Manuela está en paz y tú has regresado a nuestra comunidad habiendo cumplido lo que te propusiste, no ocurre lo mismo con tu padre.

Manuel sufre mucho y no se perdona. En el accidente resultó herido y sufrió graves quemaduras, pero no pensó que fuera importante. Fue tan grande su dolor al verte muerto que lo demás ya no significa nada para él. Y muchos, querido Ricardo, amigos y familiares, sintieron tu fallecimiento, tus hermanas sufren, tus sobrinos te extrañan. Negrita siente su ausencia como si fueras un hijo fallecido, tu madre Margaret está desesperada y sufre mucho.

- Yo también los quiero mucho abuela, he estado orando por ellos como ellos oran por mí. Espero que este sufrimiento pase pronto y que todo vuelva a la normalidad. Y papá ahora, ¿cómo se siente?

- Manuel, desde que falleciste en sus brazos has cambiado mucho; le dijiste "lo siento" y pensó que era porque desobedeciste y entraste en la casa. En ese momento lloró desesperadamente durante unos minutos y luego se calmó.

Joaquim y Pedro, que también estaban heridos, te llevaron a la ciudad. Manuel fue al hospital, donde le aplicaron vendas, impasible.

Con el paso de los días se quedó callado, comía poco, ya no se afeitaba y se desinteresaba del trabajo. Márcio, su yerno, es quien se ocupa de todo. Manuel empezó a ir mucho al cementerio y pasa horas frente a tu tumba, luego va a visitar el mausoleo de Manuela y Raúl, carcomido por el remordimiento, empezó a pensar que era un castigo, había matado a un hijo que no le gustaba y Dios le había quitado al que amaba, y pensó que merecía recibir su castigo, después de mucho pensar, decidió admitir su crimen y fue a la comisaría, recibido por el policía, entre lágrimas contó que había asesinado a su primera esposa y a su hijo.

El jefe de policía no le creyó, pidió a un soldado que llamara a Márcio y, cuando llegó, le habló afectuosamente a su padre:

- Señor Manuel, váyase a casa y descanse, olvídese de todo esto.

- ¿No me van a arrestar? Estoy confesando mi crimen. ¡Tienen que arrestarme! - Gritó furioso, golpeando la mesa.

Márcio y dos soldados lo llevaron a su casa.

El jefe de policía, como todos, no le creyeron. El crimen del pozo había sido resuelto, el criminal había confesado en su momento por su propia voluntad y pagado, siendo encarcelado hasta la muerte. Pensaron, entonces, que la salud de Manuel se había visto perjudicada por tanto sufrimiento, había perdido a sus dos hijos de forma trágica. Carlos empezó a calmarlo con medicamentos, pero cuando empezó a sospechar ya no quiso tomarlos más.

- ¡Vaya abuela, qué tristeza! Papá sufre mucho, pero se arrepintió, y eso es bueno, ¿no?

- Sí, arrepentirse es señal que uno reconoce los errores que se cometieron. Y si los errores se pueden reparar, ¡es de gran ayuda! Pero Manuel no tiene ese consuelo. Piensa en el Loco, al que dejó atrapado en su lugar, piensa en Manuela, una esposa buena y trabajadora, a la que asesinó fríamente, y en Raúl, un niño al que odiaba y no sabía por qué; lo que había hecho era injustificado y merecía castigo; sin embargo, se le negó el arresto hasta que fue arrestado. Juan Felipe plantó y cosechó, tu padre plantó y cosechó, de nada sirvieron las lecciones de amor que escuchó Manuel. Además de predicar en la iglesia, le ofrecieron el Evangelio muchas veces. Manuela y yo intentamos instruirlo muchas veces. Habiéndose negado las lecciones del amor, lo único que queda es el dolor. A través de ella reconoció sus errores y se arrepintió.

La abuela hizo una pausa, entendía muy bien el sufrimiento de papá. Recordé el momento en que deambulé en la erraticidad sintiendo remordimiento, el dolor profundo de haber cometido un error. Papá era y había sido culpable, había asesinado a su esposa y a su hijo, ahora ya no nos odiaba, no odiaba a nadie, había matado, se había equivocado, había hecho una mala acción y era obra suya; no había forma, por el momento, de deshacerse de él.

- Ricardo, mi nieto – continuó la abuela -, tu padre cree que ya no es posible vivir más, está pensando en suicidarse; sí, quiere suicidarse, el remordimiento le pesa mucho. Sus errores le parecen irremediables, se cree el peor de los seres humanos, espera una oportunidad para poner fin a su vida física.

- Abuela, él no puede hacer eso, vimos en las películas, aquí en la escuela, cómo sufren las personas suicidas, nada se compara con el dolor de quienes destruyen su cuerpo físico. Matas el cuerpo, pero no matas el alma. Aun más tarde, en el futuro, después de mucho tiempo en sufrimiento, con la bendición de una nueva reencarnación, podrán ver deformado su cuerpo carnal, destruyendo, por su voluntad, uno que era perfecto.

- Por todo eso, Ricardo, te cuento lo que le pasa. Es una preocupación de todos, la nuestra y la de la familia. Manuel está siendo observado, encerrado en la habitación, alejado de cualquier objeto que pueda utilizar para hacerse daño.

Empecé a llorar. La abuela me abrazó, consolándome.

- No llores, Ricardo, nosotros te ayudaremos.

- ¿Cómo?

- Nos permitieron ir con él y quedarnos allí hasta que lográramos sacar esa idea de su mente. Manuel te quiere, te llama, te desea, pensamos que si le pedimos nos responderá.

- ¿Y si no lo logramos, abuela?

- No podemos predecir si lo lograremos o no. Conozco a muchos amigos que intentaron ayudar a los encarnados a no suicidarse y no pudieron hacerlo, como también conozco el éxito de muchos otros. Todos tenemos libre albedrío, discreción y somos respetados en nuestras decisiones. Si Manuel realmente quiere suicidarse, no podremos impedirlo, pero él podrá oírlo. Estás decidido, Ricardo, lograste que Manuel te amara y podrás evitar que vuelva a cometer este error. Seamos optimistas y vayamos hacia ello, esperanzados. ¿Nos vamos, Ricardo?

- ¿Ahora?

- Sí, ahora nuestra ayuda no puede esperar.

- ¿Mamá Manuela no va?

- Manuel sigue muy agitado por su presencia, por ahora estamos solo nosotros dos. No te preocupes, actúa con amor y sencillez, estaré contigo todo el tiempo.

Salimos de la Colonia, la abuela me tomó en brazos. Es maravilloso moverse rápidamente; vi con emoción la Colonia desde lejos, luego la Tierra y, finalmente, me sorprendí. Mi casa estaba cubierta por una niebla gris. Y la abuela explicó:

- Son fluidos de tristeza, de desesperanza.

Todo estaba en el mismo lugar, todo era igual y a la vez diferente. Todo me parecía triste. Entramos al salón, mamá Margaret estaba en un sillón, tranquila, pensativa. Ella estaba diferente, ya no se teñía el pelo, estaba pálida, sin su maquillaje habitual, delgada, envejecida. Me arrodillé a sus pies, besé sus manos, sus ojos se humedecieron y comencé a escuchar lo que pensaba.

- "Ricardo, mi Ricardito, ¡cómo te extraño! ¿Dónde estás? ¿Estás con Raúl, tu hermano? ¿Raúl te quiere? Tu padre está enfermo, hijo mío, nadie cree en Manuel. Yo, en cambio, no lo sé, a veces a veces pienso que dice la verdad. Yo tuve mucha culpa de todo esto. Si Manuel mató fue por mi culpa, yo quería casarme y él era rico, correspondía a mi ideal. No me importaba si iba a destruir un hogar, en ese momento yo era su amante y lo obligué para que se separara de su esposa. Manuel mató a su esposa para estar conmigo, lo entiendo, ¡pero su hijo! Él siempre fue un buen padre, tan cariñoso, me parece imposible que haya asesinado a su hijo. Aunque nunca me habló de Raúl, pensé que era para no sufrir los recuerdos. Todo es tan triste, sufrimos tanto, nuestro hogar se vino abajo. Creo que construimos nuestra felicidad sobre la arena, bajo la ilusión que no podía ser destruida, y así fue."

- ¡No seas así mami, por favor! - Dije. Pero ella no notó mi presencia, no me sintió. Al verla así sentí dolor dentro de mí, sentí su amargura y la abuela, sabiamente, me ayudó.

- Anímate Ricardo, no te involucres en la tristeza de tu madre. Margaret es fuerte, sufre, pero lo aguantará, mejorará con el tiempo, aprende mucho a través del dolor. Sabiendo lo que piensa, vimos que reconoce la falsa ilusión en la que siempre ha vivido y parece dispuesta a buscar y encontrar la paz en el camino del bien. Jesús nos enseñó con gran sabiduría que el hombre prudente construye su felicidad eterna sobre las rocas de la verdad espiritual y no sobre la materia pasajera.

En ese momento Valquíria empezó a tener una crisis, empezó a gritar y luchar. Instintivamente corrí hacia ella, como si estuviera encarnado, la abracé fuerte y comencé a hablarle afectuosamente:

- Cálmate, Valquíria, cálmate, hermanita mía, Ricardo te cuenta un cuento.

- Ri-Ri – gritó.

Ante la mirada asustada de Negrita, que había venido corriendo a ayudar a Valquíria, me di cuenta que mi hermana pequeña había logrado notar mi presencia. Se sentó y sacudió su cuerpo, dejó de gritar, apretó sus brazos como si pudieran abrazarme físicamente. Negrita no me vio, pero vio a Valquíria como si estuviera abrazando a alguien, calmándose inmediatamente, como sucedió cuando yo estaba encarnado, y repitiendo "Ri-Ri", como ella me llamaba.

Negrita también estaba abatida y triste. Después de pasar el susto, al ver a Valquíria calmarse, se alejó, y yo me quedé con mi hermanita, hasta que, como siempre hacía, perdió el interés en mí y tomó su muñeca.

La abuela sonrió.

- Ven, Ricardo, vamos a ver a tu padre.

La seguí hasta la habitación de papá. El lugar estaba a oscuras, la puerta estaba cerrada con llave y habían clavado trozos de madera en las ventanas para que no se abrieran. La habitación estaba sucia, solo el colchón de la cama y papá estaba sentado en él.

Lo miré por minutos, parecía una persona diferente, delgado, sus brazos y cuello estaban marcados por quemaduras y, en su frente, había una gran cicatriz de la herida que había recibido. Tenía el pelo largo, barba y los ojos enrojecidos de tanto llorar. Llevaba un pijama corto, roto y sucio.

Lloré al verlo así y, por primera vez, me sentí culpable por fallecer; la abuela me explicó enérgicamente:

- Ricardo, no te sientas así, tú no le causaste la muerte física, no te sientas culpable, si Manuel sufre, por su propia cosecha; viniste a ayudarlo y a no sufrir juntos.

La abuela tenía razón. Avergonzado, rápidamente me limpié la cara y me acerqué a él. Empezó a hablar en voz baja:

- Ricardo, ¿por qué moriste para salvarme? No merecía tu sacrificio, debí haber muerto y tú quedarte. Si no puedes regresar, yo puedo irme. Encontraré algo que pueda soportar mi peso y me ahorcaré, iré a encontrarte.

- ¡No! - Grité. No me escuchó con sus oídos físicos, pero mi grito emotivo lo sintió.

Me callé y sentí algo extraño. Seguí hablándole con firmeza y emoción:

- No, no pienses en suicidarte, no debes deshacerte de tu cuerpo físico, solo aumentaría tu sufrimiento. Si te matas, no podrás quedarte conmigo, no me verás. Morí, tuve la muerte de mi cuerpo para salvarte, para que te quedaras y te arrepintieras, para que vivieras, no para que te mataras. ¡Por el amor de Dios, no te mates!

Papá empezó a llorar suavemente; yo, ya más tranquilo, lo abracé, nos amamos, lloramos un rato juntos. Su llanto lo alivió por algún tiempo y mis lágrimas estaban en oración, pidiendo consuelo y guía al Padre Más Grande. Papá se quedó dormido, la abuela con pases le sacó el cuerpo periespiritual del cuerpo físico, estaba mareado, la abuela siguió dándole energía, entonces pudo verme.

- ¡Ricardo, Ricardo! - Gritó desesperado.

- ¡Cálmate, papá! ¡Cálmate, por el amor de Dios!

Me abrazó, me besó, acarició mi rostro sin descanso. Le tomé las manos con fuerza y le dije, enérgicamente, como nunca antes lo había hecho:

- Padre mío, estoy vivo en espíritu, solo el cuerpo muere, somos eternos. Estoy bien, como puedes ver, perfecto, sano, ni siquiera tengo cicatrices. Pero estoy molesto y preocupado porque estás pensando en suicidarte. Este gesto tuyo no arreglará nada, ni mejorará tu situación. Sí, empeorará, mucho, y no podrás quedarte conmigo.

- Ricardo, hijo mío, sufro mucho, ¿por qué me salvaste?

- ¡Porque te amo!

- ¡No lo merezco, soy un asesino!

- ¿Y quieres seguir siendo así, matando un cuerpo más, el tuyo? Papi, papito, si me amas, si me quieres, no pienses más en el suicidio, por Dios, te lo ruego. Nunca me has negado nada, respóndeme, por favor, vive, ora, perdónate, haz esto por mí. Si morí para salvarte, te quiero vivo en la carne hasta que Dios te llame. ¡Prométemelo!

- Si te quedas conmigo… Quédate conmigo, hijo, quédate…

La abuela lo colocó sobre el cuerpo dormido y él se despertó diciendo:

- ¡Ricardo, por favor quédate conmigo, por caridad!

Papá recordó en parte nuestro encuentro como un sueño y, por primera vez, sintió cierto alivio y habló en voz alta:

- ¡Dios mío, soñé con mi Ricardo, parecía tan real! Era como si estuviera aquí, dijo que está preocupado por mí, que me ama a pesar de todos mis errores y que quiere que viva; murió para dejarme con vida!

Pensé que iba a llorar, pero, para mi alegría, gritó:

- Margaret, Negrita, vengan, pueden limpiar el cuarto, ¡quiero darme una ducha!

La puerta se abrió. Entraron mamá, Negrita y otra criada y mamá preguntó tímidamente:

- Manuel, ¿quieres cortarte el pelo y afeitarte? ¿Quieres ir un rato al patio trasero?

- Sí – respondió.

Mamá lo tomó del brazo. Salieron al patio y caminaron lentamente entre los árboles.

Pronto llegó Márcio, a quien había ido a llamar la otra criada, y miró a mamá y a papá de lejos, temiendo que su suegro atentara de alguna manera su vida física. Papá estaba tranquilo, callado, no respondía las preguntas de mamá. Después de caminar un poco, se sentó en una silla. Me quedé con ellos, animándolos con cariño; Llegó el barbero, le cortó el pelo, lo afeitó. Fue a darse una ducha. Márcio lo acompañaba, papá parecía ignorar su presencia, se lavó, se puso la ropa que le ofrecieron, fue a la cocina y comió.

Luego fue a su habitación, ya limpia, y dijo:

- Puedes cerrar la puerta, estoy bien y me voy a dormir.

- ¡Qué bueno, abuela! - Exclamé -. ¡Creo que pudimos ayudarlo!

- Al principio es genial. Como pensábamos, Manuel te respondió. Debemos fortalecerlo más y asegurarnos que ya no piense en el suicidio.

- Me llama, me quiere, quería que me prometiera que me quedaría con él, extraño, ¿no, abuela?

- ¡Ni tanto! Es extraño pensar que es el desencarnado el que se obsesiona, pero a menudo es el encarnado quien mantiene cerca de sí al desencarnado.

- Entendí bien, si no me hubieran ayudado al desencarnarme, habría estado agitado viviendo entre ellos, tal vez ni siquiera quisiera irme, y, si quisiera irme, me retendrían.

Papá se quedó dormido, su cuerpo recuperó energía. La abuela y yo salimos y nos sentamos en el área frente a la casa.

- Ricardo, ahora estás al tanto de todo lo que sucede en tu antigua casa.

- Quiero ayudarlos, abuela, pero no quiero quedarme aquí mucho tiempo. Todo me parece extraño; dije bien, esta es mi antigua casa.

- Ricardo, eras consciente que tenías que partir, te mudaste sin problemas cuando tu cuerpo murió, te adaptaste fácilmente en el plano espiritual. ¡Estoy orgulloso de tu coraje!

- Nunca pensé que sufrirían tanto con mi desencarnación. Me molesta ver su falta de fe, porque todo eso, consolarse, conformarse, no es tan difícil.

- El tiempo ayudará, ser religioso en momentos de sufrimiento es reconfortante. Desafortunadamente, no son lo suficientemente religiosos como para confiar en el Padre Amoroso. Nos quedaremos aquí unos días y ayudaremos a todos, especialmente a tu padre.

La abuela y yo hicimos todo lo posible en los días que estuvimos allí para instruirlos, para que se conformaran, recordando la sincera oración de alivio. La desesperación fue reemplazada por la calma y todos me parecieron mejor.

Papá ya no hablaba ni pensaba en suicidarse, empezó a comer con regularidad.

Pensando que habíamos tenido éxito, regresamos a la Colonia y me sentí feliz entre mis compañeros del Educandário.

NUEVAS RESPONSABILIDADES

Tres días después comencé a sentir una fuerte inquietud; me molestó mucho, sentí que me llamaban. Parecía tenerlos dentro de mí y la desesperación de papá me amargó mucho. Estaba distraído, no podía prestar atención a las clases y, cuando estaba desesperado, papá me llamaba. No podía concentrarme ni siquiera para orar y tuve que recibir ayuda de los profesores del Educandário. Era diferente, no podía hablar alegremente con mis amigos, en realidad estaba silencioso y triste. Tenía esperanzas que esta fase pasara pronto, que fuera solo por poco tiempo.

Habían pasado veintiocho días desde que regresé de mi hogar terrenal y la abuela vino a visitarme acompañada de un hombre.

- Ricardo, él es Lourenço, uno de los asesores del Educandário.

Nos saludamos y la abuela fue directa al tema que la preocupaba.

- Ricardo, sabemos que estás sintiendo mucho el sufrimiento de tus familiares. Que estás triste y has estudiado poco. Sin embargo, gracias a Dios, Manuel ya no piensa en el suicidio, pero aun así debemos ayudarlo, Ricardo.

- Lo siento abuela si te preocupo. Me estoy esforzando mucho, pero es difícil. Antes, sin saber lo que pasaba, era más fácil aislarme, no recibir estas vibraciones; ahora he dejado que mis preocupaciones se apoderen de mí.

- No tiene por qué pedir disculpas. Lo que te pasa a ti es común aquí, por eso Lourenço y yo tenemos una propuesta que hacerte.

- Ricardo - dijo Lourenço -, estoy al tanto de todos los acontecimientos de tu vida. Sé que tu ideal es estudiar aquí, conocer el mundo espiritual y ser útil con el conocimiento. Pero la Tierra es una escuela y, trabajando entre encarnados, se aprende mucho. Tus familiares necesitan tu ayuda y tú puedes hacerlo. Seguramente no podrás quedarte simplemente en tu antigua casa, sino que ayudarás a tus seres queridos, además de trabajar en un Centro Espírita.

- ¿Centro Espírita?

- Sí, Ricardo, en tu ciudad hay buenos lugares donde se practica la caridad y equipos de buenos trabajadores trabajan para ayudar a personas encarnadas y desencarnadas. Elegí uno de estos lugares, un centro espiritual, donde el mentor es un gran amigo y te recibirá, si quieres, como a un hijo amado. Serás su asistente, tendrás que dedicar unas horas al día al trabajo en equipo y las horas restantes estarás en casa reconfortando a tus seres queridos.

Suspiré tristemente; Lourenço había enumerado claramente mis metas, mis sueños. Sentí; sin embargo, que si los míos no se consolaban entre sí, yo no los consolaría, no podría hacerlo. La abuela me animó.

- La elección es tuya, Ricardo, solo harás lo que quieras. Si quieres trabajar entre encarnados, no necesitarás determinar tiempo, permanecerás el tiempo que estimes necesario. Puedes probarlo, dedicar horas a trabajar y pasar el resto en tu antigua casa. Podrás ayudar a todos y, como prueba, mejorarán con tu presencia. Negrita te animará, Valquíria podrá contar contigo para calmarla, tu madre al ver que todos mejoran también se calmará y tu padre, contigo a su lado, mejorará. Después, Ricardo, será una experiencia maravillosa trabajar en un Centro Espírita; aprenderás mucho, estoy segura que te gustará.

- Ricardo - añadió Lourenço -, no podemos extender esta invitación a todos, tú sabes que aquí hay innumerables jóvenes con el mismo problema que tú, que sufren la desesperación de sus familias. Analizamos y pensamos que podrás llevar a cabo esta ayuda, eres responsable, te has fortalecido mucho en tus últimas reencarnaciones, regresaste al plano espiritual sin errores, sin revueltas y con mucho amor. Eres obediente, quieres mejorar y quieres ayudar a los demás. También tomamos en cuenta los hechos que involucraron y aun involucran sus vidas. No es necesario que lo resuelvas ahora, tienes todo el tiempo que quieras para pensar en ello.

- Abuela, ¿crees que todos en casa estaremos sufriendo por mucho tiempo?

- No lo sé Ricardo, antes de contarte lo que les estaba pasando, Manuela y yo hicimos todo lo que pudimos para ayudarlos. Estos días he estado allí muchas veces y no puedo ayudarlos, nada parece consolarlos. Lo que sienten, para ellos no hay nada peor; lo siento por ti, mi nieto.

Hacemos silencio. Me vino a la mente la imagen de Valquíria, mi hermana discapacitada que tenía crisis en las que se lastimaba mucho. Con mi presencia se calmaría. Mi mamá Margaret, que estaba amargada y consumiéndose. Al poder fortalecerla, ayudaría a su marido y a su hija. Negrita, mi querida amiga, madre de corazón que me amaba tanto como Raúl y Ricardo, merecía que yo la consolara y animara. Y mi padre, mi antiguo adversario, que sufrió el remordimiento de haber sido un asesino y se desesperó por la pérdida del hijo que había aprendido a amar. Si conseguía que me quisiera, ahora debería ayudarle con su cosecha; no quería que empeorara las cosas al no poder soportar el sufrimiento, provocando su propia muerte física. Si me ofrecieran la oportunidad de ayudarle lo aceptaría agradecido.

- Lourenço, abuela, te agradezco tu cariño y preocupación por los míos. No será un sacrificio ayudar a quienes amo y, en el

Centro Espírita, a quienes aprenderé a amar. Pospondré la realización de mis sueños, tendré tiempo para hacerlos realidad. No necesito tiempo para pensar, quiero ayudarlos y estoy listo para comenzar.

- Entonces – dijo la abuela -, iremos por la tarde. Ve ahora y despídete de tus amigos, ellos pueden visitarte y tú puedes venir aquí cuando quieras.

Así que lo hice. Me despedí de mis profesores y compañeros, busqué al profesor Eugênio y escuché de él un cariñoso aliento.

- Definitivamente disfrutarás este trabajo-estudio, aprenderás mucho de los encarnados.

Acompañado de Lourenço y de la abuela, por la tarde estábamos en mi antigua casa terrenal.

Me acerqué a mi madre, que triste y abatida lloraba en un rincón de la habitación; ella trató de orar:

- Ricardo, hijo mío, por Dios, ven a ayudarnos, ya no sé ni lo que hago, te extrañamos mucho. ¿Por qué tuvo que pasar todo esto, por qué moriste? ¿Por qué no murió Valquíria? ¿Morir? Lo entenderíamos, ella simplemente sufre, retrasada como es. Tú no, hijo mío, eras hermoso, fuerte, inteligente, todos estábamos orgullosos de ti. Ven a ayudarnos, hijo, Carlos quiere internar a tu padre. En el hospital, ya sabes, es muy difícil, Ave María....

Consciente que había venido para ayudar y no a estorbar, también me fortalecí en la oración, la abracé dulcemente y le dije:

- Cálmate mami, cálmate, ten fe, ora con sinceridad. Dios es justo, sabe lo que hace y por qué lo hace.

Lourenço y la abuela le dieron un pase, mamá se calmó y pudo orar con más tranquilidad.

Después fuimos a ver a todos: Taís, Telma, los niños; Estaban bien e hicieron todo lo posible para ayudar a mis padres.

Vi a Valquíria toda herida, debía tener crisis constantes, y una vez más notó mi presencia, extendió sus brazos hacia mí y gritó: -¡Ri-Ri!

La abracé y ella sintió mi abrazo y cariño. Nos quedamos así por algún tiempo.

- No te dejaré más Valquíria, siempre estaré a tu lado. Valquíria sonrió alegremente y repitió: -¡Ri-Ri!

Dejándola feliz y tranquila, fuimos con papá. La habitación estaba como la primera vez que la visité, sucia y olía mal. Papá estaba más delgado, barbudo y desaliñado, estaba parado en una de las esquinas de la habitación y golpeándose la cabeza contra la pared; no pude contenerme y grité:

-¡Papá! - Se giró al instante y vi que tenía la cara y la cabeza magulladas.

- Ricardo, Ricardo, ven a mí, quédate conmigo, hijo, ¡quédate!

Lo abracé transmitiéndole todo mi amor y él de alguna manera sintió mi presencia. Se sentó en la cama, hablando sin parar de hechos que pasaron con Raúl, con Ricardo, con él, hasta quedarse dormido con Lourenço y la abuela dándole pases.

- Manuel dormirá mucho tiempo – dijo la abuela.

- ¿No podemos sacarlo del cuerpo como la última vez, abuela?

- No, Ricardo, Manuel está muy débil, se calmó solo con tu presencia y lo ayudaremos con esto. Dejémoslo descansar ahora y conozcamos el lugar donde trabajarás.

- Abuela, no sé cómo ayudar.

- Si quieres, aprenderás pronto. Entonces Ricardo, no te sería posible quedarte solo en tu ex casa, hay muchos que sufren y necesitan ayuda. Tendrás amigos nuestros como instructores. Isaías, amable consejero en el plano espiritual, y Antônio, consejero encarnado del Centro Espírita. Me quedaré contigo unos días hasta que te instales, harás otros amigos.

El centro espiritual estaba cerca de mi hogar terrenal. El lugar, físicamente hablando, era solo una habitación, al lado de la casa del asesor Antônio. Era sencilla, limpia y solo tenía lo esencial: una mesa con ocho sillas alrededor. Encima, un mantel blanco, un jarrón con flores y un volumen de *El Evangelio según el Espiritismo*. Completando la decoración, más sillas y bancos, que supuse eran de ayuda. Entré avergonzado y cinco personas desencarnadas muy amigables vinieron a saludarnos.

Después de la presentación, la abuela me explicó:

- Están de guardia, vigilan el medio ambiente. Entonces llegó Isaías y me abrazó feliz.

Dijo, dirigiéndose a Lourenço:

- ¡Ahijado mío, qué placer volverte a ver! ¿Entonces este es Ricardo, quién trabajará con nosotros? Hablaron con entusiasmo y alegría durante un largo rato, hasta que intervino la abuela:

- Isaías, permíteme quedarme unos días con mi nieto. Tengo licencia de mi trabajo y me gustaría estar con Ricardo, ya que él se siente avergonzado por pensar que no sabe hacer nada.

Isaías sonrió y me miró dulcemente.

- Por supuesto, Margarita, quédate con nosotros el tiempo que quieras, solo será agradable para nosotros. En cuanto al aprendizaje, Ricardo, cuando fuiste por primera vez a la escuela tampoco sabías nada, pero aprendiste. Todos los que estamos aquí estaremos encantados de enseñarte. Preséntate a trabajar mañana a las ocho en punto. No dudes en contarnos tus inquietudes; espero que tengas una fructífera estancia con nosotros - dijo abrazándome.

Nos despedimos, Lourenço nos acompañó hasta la calle y se despidió también.

- Hasta luego Ricardo, verás que este Centro Espírita es una escuela de encarnados y desencarnados, donde se aprende trabajando, y será genial si puedes ayudar a tus seres queridos.

Caminamos, la abuela y yo, hacia mi antigua casa. Era de noche, pocas personas encarnadas pasaban por la calle. Sin embargo, me maravillé de la gran cantidad de personas desencarnadas que pasaban, algunas angustiadas, desesperadas y enfermas, otras tranquilas, como si estuvieran paseando. La abuela me explicó:

- Ricardo, siempre existimos, ya sea encarnados o desencarnados, y las personas similares están en sintonía, se atraen. Tenemos libre albedrío para elegir cómo vivir, ya sea para bien o para mal, y también tenemos las consecuencias de la vida que elegimos. En el plano físico de la Tierra, donde viven encarnados, viven muchos desencarnados también. Hay quienes deambulan en el sufrimiento, quienes, por ignorancia, hacen todo lo posible para dañar a sus semejantes y hay quienes trabajan para ayudar a los que sufren y recuperar a los que se creen malos.

- ¡Creo, abuela, que aprenderé mucho!

- Sí, lo harás, harás un gran aprendizaje que no estaba incluido en tus sueños; sin embargo, algún día tendrías que hacerlo para complementar tus conocimientos. Los acontecimientos harán que lo completes antes, pero confío en ti, estoy segura que, de las dos tareas que tienes por delante, las dos las realizarás satisfactoriamente.

Llegamos a casa, la abuela y yo acudimos a cada uno de mis familiares dándoles consuelo y alegría.

A las ocho en punto nos presentamos en el Centro Espírita; Isaías, el mentor, nos saludó sonriendo.

- Ricardo, con nosotros tendrás que trabajar todos los días, en promedio cuarenta y ocho horas semanales. Trabajarás por la mañana, cambiando de horario cada quince días, y trabajarás de forma rotativa, para aprender todo lo que hacemos. Normalmente por aquí todo es tranquilo, con más trabajo en las jornadas de desobsesión, que se realizan los lunes y viernes, y los martes, cuando hacemos estudio evangélico. Comenzarás haciendo guardia junto a otros de nuestros compañeros. Isaías los llamó y nos presentó. Me gustaron y poco después fuimos a custodiar el Centro Espírita. La abuela se quedó conmigo, eso me dio mucha seguridad. Pensé que sería aburrido quedarme ahí ocho horas y mirando sin saber por qué, pero pronto vi que no era exactamente como había pensado. Un borracho desencarnado vino a molestarnos:

- ¡Oigan chicos, denme un trago! ¿No me quieren dar? ¿Dónde está tu caridad? ¿No se lo dan a quien lo pide?

Me sorprendió, ya había visto al borracho encarnado, pero no desencarnado. Mário, uno de los compañeros, dijo enérgicamente:

- Juvenal, sabes muy bien que aquí no tenemos bebidas alcohólicas. Tenemos y te ofrecemos tratamiento para ayudarte a dejar tu adicción y cambiar tu vida.

- No quiero cambiar mi vida y no vine aquí a pedir consejo.

- ¡Entonces sigue adelante, que Dios te acompañe!

Juvenal intentó entrar y, con audacia de borracho, quiso que bebiéramos con él. Mário tuvo que hacer uso de la autoridad y Juvenal decidió marcharse. Al encontrar todo muy extraño, pregunté con la mirada sin tener el valor de preguntar verbalmente. Mário, demostrando que entendía mi curiosidad, me explicó:

- Ricardo, siempre pregúntanos lo que quieras, será un placer aclararte. Nadie está libre de sus adicciones solo porque el cuerpo ha muerto. Juvenal sabe que falleció, sabe que aquí trabajamos con caridad. Sobrios, evitan pasar por aquí, nos temen; cuando está borracho, suele pasar por aquí y hacer estas escenas que presenciaste. No quiere cambiar su forma de vivir, no quiere liberarse de su adicción. Vampiriza a los encarnados y trata de inducirlos a emborracharse. Se mantiene cerca de otros adictos encarnados y, cuando ellos beben, él les chupa los fluidos y también se emborracha.

- ¿Se emborrachas simplemente? - Pregunté asombrado.

- Emborracharse sería demasiado; sin embargo, como casi todos los adictos, se daña a sí mismo y a los demás. Siempre quiere beber e inducir a los encarnados invigilantes a hacerlo; además de hacer pequeños favores a los espíritus malignos, a cambio de la bebida. Se vuelve cada vez más esclavo de su adicción.

- ¿No podemos encerrarlo, ayudarlo?

- ¡¿Cómo podemos ayudarlo si no quiere recibir nuestra ayuda?! Respetamos su libre albedrío, esperamos que se canse de esta forma de vivir y quiera cambiar.

- Y si un encarnado que vampiriza aquí viene buscando ayuda, ¿qué harán?

- Si los encarnados realmente quieren no tener compañía como Juvenal, simplemente no sintonicen con él. Y si viene aquí a buscar ayuda, uno de nosotros lo acompañará y no permitirá que Juvenal u otros como él lo molesten.

Poco después vi que se acercaba un grupo alborotado, como si fuera una nube de polvo. Mário se acercó a un pequeño dispositivo, que estaba conectado desde el plano espiritual al Centro Espírita, y vi con asombro una luz azulada que rodeaba todo el lugar.

- Es nuestro campo magnético, evitará que recibamos ataques de hermanos inferiores. El grupo era demasiado extraño para mí. Iban vestidos de forma exótica, predominando el negro. Eran doce, todos feos, sucios, tipos que, cuando encarnaron, diría que eran mal parecidos. Estaban todos armados, algunos con palos, otros con cadenas, látigos, y reían, reían. Los primeros en llegar se golpearon la cabeza contra el círculo magnético y fueron arrojados unos metros hacia atrás y se detuvieron y nos observaron. Mis compañeros estaban tranquilos y también intenté tranquilizarme. El que me pareció su líder se dirigió a nosotros:

- Entonces, ¿tienes alguna noticia sobre Catarina? ¿Volverá con nosotros?

- Catarina está bien y no debería regresar a tu compañía. Si algunos de ustedes quien cambiar su forma de vivir, vengan a nosotros y les ayudaremos.

Ellos rieron.

- Bueno, bueno, aquí siempre tenemos lo que queremos, ¿para qué cambiar nuestra forma de vida? ¿Cambiar para ser como ustedes, trabajando como guardias?

- Somos felices, tenemos paz, disfrutamos de tranquilidad, somos amigos y hermanos. Y tu ¿qué tienes?

Fingían ser felices, riendo, riendo, haciendo ruido, haciendo todo lo posible para mostrar externamente la alegría que no sentían. Incluso en mi poca experiencia sentí que estaban experimentando conflictos y estaban lejos de experimentar paz.

Nuevamente Mário me explicó:

- No cerramos la puerta a los hermanos inferiores, estos son muchos pacientes que necesitan ayuda y poco a poco los hemos ido guiando. Es una pequeña falange, que conocemos, y si los dejamos entrar tendríamos que arrestarlos, porque lo único que quieren es crear problemas. En el momento adecuado entrarán y recibirán mediante la incorporación el adoctrinamiento que necesitan y saben que si quieren ayuda, la obtendrán. Catarina, ex integrante del grupo, fue guiada por nosotros y se encuentra en un Puesto de Socorro recibiendo ayuda y orientación.

El campo magnético se apagó nuevamente.

- ¡Ayuda! ¡Ayuda! ¡Por favor! Era el pedido de un hombre desencarnado de piel oscura, que luchaba por caminar hacia la puerta. Mário me hizo una señal para que lo ayudara, corrí hacia él y lo llevamos al Centro Espírita. Vi con asombro que, como en el plano espiritual, en el lugar había un pequeño laboratorio, una sala de urgencias. Lo colocaron en una cama. Mário le dio agua con paciencia, habló sin parar. Me di cuenta que él no sabía que había desencarnado, pensaba que estaba en el cuerpo físico. Mário lo puso a dormir y nosotros lo acostamos en la cama; noté que había dos personas más durmiendo.

- Ricardo, son hermanos que no saben que fallecieron y no tendría sentido decírselo, porque pensarían que estamos locos o algo parecido. Aquí permanecerán latentes hasta el próximo trabajo, en el que, a través de la incorporación, podrán notar la diferencia que existe entre ellos y el encarnado; recibirán orientación y ayuda para sus problemas. Y cuando se despierten, ni siquiera se darán cuenta que han estado durmiendo.

Regresamos a nuestro puesto. Tres jóvenes con los rostros colorados, al pasar por el Centro Espírita, exclamaron con miedo:

- ¡Dioses! ¡Santo Dios!

Y uno de ellos se persignó. Otro exclamó:

- ¡Si hay un espíritu conmigo, que se quede ahí!

Para mi sorpresa, un desencarnado que la acompañaba exclamó:

- ¡No me quedo! Si quieres deshacerte de mí, bella, ven y atráeme.

Y le dio un tremendo puñetazo en la cabeza; ella lo sintió, llevó su mano al lugar y dijo a los demás:

- ¡Ay, qué dolor de cabeza!

Una vez más esperé las explicaciones de Mário, quien sonriendo me dijo:

- La chica solo se librará de la desagradable compañía de la manera que dijo, si ella viene y le pide ayuda. Y no pienses que todos los dolores que sienten los encarnados son causados por los desencarnados. Vimos una de las posibilidades.

Pasó el tiempo y ni siquiera me di cuenta. No fue nada aburrido como había pensado al principio; el trabajo fue intenso y presentó casos interesantes. Llegué al final de mi trabajo diario y con la abuela me fui a casa.

- Ricardo - me dijo la abuela -, te fue muy bien, pronto estarás participando más y sabrás, ante cualquier situación, qué hacer.

Mi hogar terrenal estaba envuelto en una niebla de tristeza y preocupación. Buscamos fortalecerlos e invitarlos a la oración. La única que notó mi presencia fue Valquíria. Papá se calmaba cuando estaba a su lado; comía y al cabo de unos días se duchó, se afeitó, dejó que limpiaran la habitación y ya no se golpeaba la cabeza contra la pared. Carlos todavía quería llevarlo a un sanatorio para recibir tratamiento, pero mamá, al verlo mejor, se opuso.

Cuando cambié mi horario de trabajo, continuando como vigilante, conocí a Antônio, el asesor encarnado del Centro Espírita. Joven, muy presentable, vino con su esposa a limpiar físicamente el lugar. Me gustaba, transmitía simpatía y amabilidad, era tranquilo y siempre estaba sonriendo.

Ya era hora que la abuela volviera a trabajar, se despidió de mí. Por un momento me sentí triste y temí no saber qué hacer. Ella me animó:

- Ricardo, te prometo que siempre vendré a verte. Pasaré todas mis horas libres contigo y no dudes en pedir ayuda a Isaías y Mário, que ya son tus amigos.

La abuela Margarita siempre estuvo ayudándome con mucho amor. Nos abrazamos y le di un beso con todo mi agradecimiento.

Con amor y cariño me enfoqué en mis nuevas responsabilidades, fortaleciéndome, orando fervientemente, estudiando los Evangelios y confiando en la amistad de nuestros compañeros.

APRENDIENDO A SERVIR

La rotación de jornada laboral me vino muy bien, primero para ayudar a mi familia. A punto de cambiar de horario, papá empezó a sentir mi ausencia, volviéndose hosco y triste. También al igual que el aprendizaje en el Centro Espírita, cada período contó con un tipo de ayuda diferente. Por las noches había más trabajo y, los días de sesión, el trabajo del vigilante cambiaba por completo. El campo magnético se apagaba por completo y todas las personas desencarnadas entraban libremente. Varios grupos de rescatistas regresaron de excursiones con muchas personas necesitadas. El movimiento era intenso y siempre había mucho por hacer. Mário, para mi alegría, había cambiado de turno conmigo y solo pudo explicármelo en las primeras horas de la mañana.

El primer día de la sesión en la que estuve de guardia, minutos antes de comenzar, quedé asombrado de los muchos desencarnados que acompañaban a los encarnados.

Se presentaban de diferentes maneras, algunos enfermos y tristes, otros autoritarios y orgullosos y muchos juguetones; me sorprendí cuando vi uno montado en la espalda de un caballero encarnado que se quejaba de dolor de espalda.

La mayoría de los desencarnados no sabían de su condición. Acompañaron a los encarnados, seguros que todavía tenían el cuerpo carnal. Estaban hablando, quejándose de sus dolencias, participando de las conversaciones de sus compañeros.

Muchos espíritus que se creían malos, perturbados y perturbadores fueron recibidos cortésmente y, si en la entrada demostraban que estaban allí para enfrentarnos, eran arrestados por fuerzas magnéticas y llevados al interior del edificio para asistir a la sesión.

Queriendo aprender, le prestaba mucha atención a todo, así que terminé haciendo acciones apresuradas, incluso divertidas. Como un día que Mário me preguntó:

- ¡Corre, Ricardo, atrápalo!

Dos personas desencarnadas siguieron al lado de una señora y uno de ellos, al ver que lo llevaban al Centro Espírita, corrió en dirección contraria. Obedeciendo la orden que me dieron, corrí tras él y lo alcancé. Rápidamente lo agarré, él luchaba y quería escapar y me asusté.

- ¿Qué hago, Mário? Lo tengo, ¿y ahora qué?

Mário vino tranquilamente hacia nosotros, simplemente lo miró, se calmó y fue conducido al Centro Espírita.

- ¡Hurra! - Suspiré -. ¡En qué lío estaba!

- Podrías haberlo atrapado, usando tu fuerza mental, magnética; aquí no utilizamos la fuerza física. Mira, así es como se hace.

Mário me enseñó a usar mi voluntad, a usar nuestra fuerza interna. Pero tenía curiosidad por saber qué pasaba adentro, en las sesiones mediúmnicas, y Mário me dijo:

- No te apresures, Ricardo, a saberlo todo. Llegará el momento en el que trabajarás las sesiones.

Al final de las sesiones, quedé encantado con el aerobús que partió llevando a los desencarnados rescatados y orientados que había visto entrar hacia los puestos de socorro o hacia la Colonia, a la que estaba afiliado el Centro Espírita.

Los encarnados también partieron, siempre tranquilos, acompañados de sus guías espirituales; charlaban amigablemente, intercambiaban ideas sobre el trabajo de la noche.

Inmediatamente noté la dedicación del Sr. Antônio, quien, con paciencia y amabilidad, escuchó las quejas de estos hermanos y aclaró todo lo que le preguntaron. También noté la frecuencia de casi todos y supe que eran médiums, trabajadores encarnados.

- Tú, Ricardo, eres un buen vigilante.

Fue el primer halago que escuché del asesor Isaías, quien me alegró y me animó a mejorar.

Mi antigua casa había mejorado mucho, mis hermanas Taís y Telma eran dedicadas y buenas, al igual que sus maridos.

Márcio administró el negocio de mi padre con precisión y honestidad, mis sobrinos crecieron sanos y fuertes y para mí - "tío búho" - eran hermosos. Negrita se hizo cargo de la casa y de todos con la misma dedicación, lo que me emocionó. Mamá Margaret había mejorado mucho: con mi apoyo empezó a dedicarse más a Valquíria y a papá. Era una persona diferente, como decían, ya no salía de casa, ya no se vestía como antes y, en respuesta a mis pedidos, oraba más y empezó a ir más seguido a la iglesia.

Valquíria se estaba consumiendo, estaba delgada y físicamente más fea. Carlos tenía miedo de no superar la pubertad y morir. Pero para mí ella estaba mejorando, se había calmado y, con mamá a su lado, se sentía feliz. Ella notaba mi presencia y sus crisis disminuyeron. Siempre le pedí paciencia y que se calmara, ella me palpó espiritualmente y respondió.

Papá fue mejorando poco a poco, le insistía mucho para que orara; se mostró reacio, no se sentía digno y, cuando empezó a orar, se sintió mucho mejor, empezó a tener momentos de paz y empezó a pedir perdón a Dios, a mamá Manuela, a Raúl y al Loco.

Siempre pensaba en lo que le hacía pensar que Manuela le engañaba o que le iba a engañar. Sabía; sin embargo, que ella había sido fiel, honesta y buena. Y por qué no podía amar a Raúl. Era su hijo y en ese momento quería que fuera el hijo del pervertido. Cuando pensaba en Raúl, lloraba profundamente, ahora amaba al hijo que una vez odió y asesinó, y el remordimiento lo hirió profundamente.

Ya no estaba confinado en su habitación, pero rara vez salía de allí.

Un día, siguiendo a mi mamá y a mi papá mientras caminaban por el patio, los escuché:

- Margaret, siento que estoy mejorando, pero llevo tanto dolor conmigo que nunca volveré a ser el mismo. La pérdida de nuestro Ricardo es irreparable, pero es el remordimiento el que me carcome.

Mamá se estremeció y papá, tras una pausa, continuó:

- Estoy tranquilo, lúcido y me gustaría que al menos me creyeran, fui yo quien mató a Manuela y a Raúl y dejó que un pobre loco pagara mi crimen.

- Manuel, no digas eso, por amor de Dios, ¿cómo puedes?

- Cómo desearía que todo esto fuera mentira, pero no lo es. Maté a mi esposa para casarme contigo. No la amaba, no sé por qué siempre pensé que me iba a traicionar y no soportaba verla fiel y honesta. Quería casarme, tenerte hermosa y feliz. Raúl era un niño asustado por mi maldad, no lo amaba, no lo quería como hijo, me deshice de ellos, o pensé que lo haría. Ahora el remordimiento me destruye.

Mamá lloró, papá la abrazó.

- Tú también, Margaret, sufres mucho. Como he sido egoísta, solo noto mi dolor.

- Manuel, promete que no le contarás esta historia a nadie más. Pensarán que estás loco y te internarán en un sanatorio. No quiero separarme de ti, olvida este crimen. El Loco ya está muerto; Manuela, Raúl y nuestro Ricardo nunca volverán. No te martirices así, olvídalo. ¡Valquíria y yo te necesitamos mucho!

- Valquíria...

- Sabes Manuel, la he estado cuidando más, ¡es tan frágil! Carlos cree que ella morirá pronto.

- Nunca la llamé ni a ella ni a Raúl.

Se quedaron en silencio y, para mi deleite, entraron y se dirigieron a Valquíria. Papá la levantó y habló con ella. A mi hermana pequeña le pareció extraño, no quería que él la acariciara. Papá comprendió que había cometido un error con ella, pero pudo reparar su error y, con paciencia, empezó a complacerla. Valquíria empezó a aceptar sus caricias y a sentirse feliz con las atenciones que recibía de sus padres; definitivamente dejó de tener sus crisis.

Recibí muchas visitas, eran amigos del Educandário, ex profesores, además del profesor Eugênio y de mamá Manuela; fue gratificante escucharlos, recibir noticias del Educandário. Iba raramente a la Colonia, me dedicaba con mucho esmero a mi trabajo y realmente estaba aprendiendo a servir, mis pequeños éxitos me conmovían hasta las lágrimas.

Juan Felipe también había venido a visitarnos. Abrazó a papá en espíritu, fuera de su cuerpo físico, y respondió a su pedido de perdón.

- Te perdono, Manuel. Lo que sufrí fue por mi cosecha, ten paz, hermano mío - Esa noche papá durmió plácidamente.

La abuela Margarita nos visitaba siempre que podía, siempre estaba ayudándonos. Un día le dije:

- Abuela, sé que Valquíria y mamá Margaret estuvieron juntas en otra existencia, y me da vergüenza momentos con Negrita, tan buenos, tan dedicados, ¿tiene motivos para servir así? ¿Conoces su pasado, abuela?

- Sí, Ricardo, lo sé y te lo diré. Negrita en otra existencia ciertamente tenía otro nombre, ese detalle no importa. Negrita era muy hermosa, caprichosa, se escapó de su joven hogar, dejando a sus padres desesperados, sufriendo, para tener una vida mundana de fiestas y muchas parejas. Tenía una hija, Margaret, que mantenía con ella y le pagaba a una mujer para que la cuidara. Enseñó a su hija desde pequeña a ser vanidosa, a tener ambición y, siendo todavía una adolescente, le presentó su forma de vida. Durante este período, Margarita dio a luz a una niña, Valquíria, hermosa, de una belleza exótica. A la edad de ocho años, Margaret la colocó en un convento para que pudiera tener otra educación, con la esperanza que se casara bien, preferiblemente con un hombre rico. Cuando su hija abandonó el convento, Margaret logró casarla con un hombre mayor y más rico. Valquíria se enamoró de su marido y vivieron felices. Su abuela y su madre la visitaban con frecuencia, pero Margaret se enamoró de su yerno, sintió una fuerte pasión, hizo todo lo posible para conquistarlo y se convirtieron en amantes.

Valquíria acabó descubriendo su romance, se desesperó y prometió vengarse. El marido se arrepintió y juró dejar de hacer sufrir a todos. Valquíria se había criado entre monjas, conocía y seguía una religión. Lo planeó y, conscientemente, para vengar la traición, se suicidó, arrojándose desde lo alto de una torre, falleciendo inmediatamente, antes de cumplir diecinueve años.

Ella logró hacer sufrir a todos, su marido sintió mucho su muerte, su madre se desesperó en el sufrimiento y ella también sufre su acto de venganza hasta el día de hoy. Margarita, arrepentida, culpó a su madre por haberle enseñado a ser desenfrenada, y las dos, tristes, amargadas, vivieron muchos años más.

Negrita era la que más sentía, tenía una casa y no la valoraba, tenía una hija y la hacía infeliz.

Reencarnadas, la bondad de Dios las unió nuevamente. Niña negra, huérfana de madre, su padre la colocó en casa de otra persona para que pudiera trabajar. Sirve a Margaret, ayuda a Valquíria, ahora se dedica a ellas sin ser un pariente carnal. Ahora es madre y abuela, con mucho cariño.

- Abuela, ¿Negrita trabajaba para mamá y, antes, para ti?

- Sí, dedicada y trabajadora, merecía tener buenos jefes y amigos. Si Manuela no hubiera muerto, Negrita, por instinto de amor, encontraría a Margaret y la serviría, la ayudaría. Las dos, en espíritu, sabían que Valquíria vendría de otra manera y, sintiéndose culpables, quisieron estar con ella y ayudarla.

- Dios, abuela, viendo a Valquíria ahora, desearía poder gritarles a todos los que están pensando en suicidarse que no lo hagan. Destruir el cuerpo siempre trae mayor sufrimiento.

- Lo importante, Ricardo, es que los tres estén superando sus malas tendencias, aprendiendo a amarse y respetarse. Y Negrita aprende mucho en esta existencia, sirve, ayuda a antiguos familiares carnales y ama mucho.

- De hecho, Negrita ama, nos ayudó muchísimo a Taís, a Telma y a mí. Ella también recibe amor, ¿has notado lo amada que es? Taís y Telma la tienen como segunda madre, sus hijos la llaman "Tía Negrita." La tratan como a una familia y yo también la amo mucho.

Era verdad, a Negrita le encantaba y el amor sincero es una fuerza poderosa, se da y se recibe. Amaba a Negrita y pensaba: "Somos en el presente lo que construimos en el pasado y seremos en el futuro lo que hacemos en el presente." Construir, hacer el bien, era muy importante, comencé a planificar cómo les ayudaría a pensar en este tema.

Mi trabajo en el Centro Espírita fue gratificante, cualquier pequeña ayuda que brindaba a los demás era la primera en recibirla; Me sentí tan bien y feliz que pronto mis amigos me empezaron a llamar "Ricardo Alegría."

Desde la guardia, pasé a formar parte de los equipos de socorro, primero ayudando a los que deambulaban por la corteza. Respondimos a llamadas de auxilio de la ciudad y verlo ahora fue muy interesante; conocía muy bien la ciudad en su forma física, y conocer su lado espiritual fue un gran aprendizaje.

Vi mucha tristeza y sufrimiento, pero eso no me conmovió; Visitábamos mucho el hospital y el número de enfermos desencarnados era a veces mayor que el de encarnados. Me gustaba consolar y animábamos a los enfermos y muchos de ellos estaban contentos y resignados ante nuestra presencia. Cuando no quisieron recibir nuestro consuelo, oramos por ellos y a mi vez sentí pena por ellos; ¡Es tan malo negarse a conformarse!

También visitábamos mucho el cementerio, consolando a los encarnados que allí iban y tratando de ayudar a los desencarnados que, inconsolables, se aferraban a sus restos mortales sin querer abandonar el cuerpo. Caminábamos por las calles, tratando de ayudar a los necesitados, guiando, aconsejando a los desencarnados e instruyendo a los encarnados para el bien. Sabíamos que estábamos ofreciendo ayuda y no obligando a nadie a aceptarla. Ahora comprendí que el Padre no deja a ninguno de sus hijos sin ayuda. En una gran lección, para que amemos a todos como hermanos, nos dejó la lección: que nos ayudemos unos a otros.

Me interesó mucho el trabajo que los equipos del Centro Espírita hacían en el Umbral. Hicimos viajes de socorro a las partes más cercanas de la corteza, donde siempre ayudamos a los espíritus esclavizados por las falanges del mal y también ayudamos a los que padecían remordimientos y a los que clamaban piedad. Siempre estuvimos preparados contra ataques de hermanos inferiores que no querían invasiones en sus dominios. En mis primeras excursiones tuve miedo, luego aprendí a confiar y entendí que el que sabe lo hace con confianza.

Regresamos al Centro Espírita, llevando a hermanos deformes, en harapos, en gran sufrimiento, para la ayuda necesaria.

Sabía que alguna vez había sido como ellos, había recibido ayuda y ahora tenía la gracia de ayudar. Sabía también que ese sufrimiento era necesario para ellos como experiencia de aprendizaje, eran los vigilantes en quienes la muerte física había destruido la ilusión construida sobre la arena.

- Ahora, Ricardo - dijo Isaías -, trabajarás directamente con los encarnados, ayudarás a los protectores de los médiums en su trabajo. Un médium activo trabaja mucho.

Primero acompañé a Nélson, que protegía a doña Ana, y pronto me informó:

- Ricardo, doña Ana y yo somos amigos y compañeros, no estoy aquí para hacer su tarea, sino para ayudarla y animarla a que la haga bien.

Doña Ana era una persona buena y agradable. La tarea fue fácil porque ella era una ferviente espiritualista, leía y meditaba los Evangelios todos los días, oraba con fe y tenía una forma de vida honesta y sencilla. El trabajo que nos correspondía hacer era ayudar a los desencarnados que ella recibía. Amablemente le pedí a Nélson que los llevara al Centro Espírita y los dirigiera. Cada vez que ayudaba a otros, los veía; doña Ana siempre estaba ayudando, y fueron varias las personas que le pidieron ayuda. Fue un período en el que aprendí que con fe y honestidad se puede construir mucho y que la alegría del encarnado al hacer el bien es incomparable.

Luego me fui a quedar con Anacleta, quien protegía a doña Nívea, una médium principiante que estaba lejos de haber aceptado por amor la única tarea de médium. Fue el dolor lo que la llevó al Centro Espírita y al trabajo práctico. Indisciplinada, nunca encontró tiempo para estudiar la Doctrina Espírita y siempre estaba quejándose; tenía una adicción muy desagradable: comentar la vida de otras personas y contar chistes de baja moral. Con mucha amabilidad, Anacleta hizo todo lo posible para guiarla. Casi todos los días se reunía con sus amigos para su conversación habitual. Anacleta y yo nos alejamos, no podíamos quedarnos cerca y escuchar tantas cosas desagradables. Sin embargo, otras personas desencarnadas, que estaban en sintonía con este tipo de conversaciones, se unieron a ellos y se rieron, intercambiando fluidos negativos. Doña Nívea recibió esos fluidos, llamó a su ángel de la guarda, su guía protector, y se quejó todo el tiempo: "Me siento mal, voy a quejarme con el señor Antônio, estuve yendo a las sesiones y ahí está, eso es lo que me pasa, estoy pesada, con malos fluidos, daré pases."

Le di gracias a Dios por cambiar de trabajo. No es agradable ser protector con quien cree merecer recibir algo a cambio de su mediumnidad, y piensa que está haciendo favores a los demás y no a sí mismo.

Fui a acompañar al señor Antônio. Él, además de Isaías, siempre tenía dos o tres trabajadores consigo, y estar con ellos era muy gratificante. El señor Antônio trabajaba muy materialmente para mantenerse a sí mismo y a sus seres queridos y todos los días, por la tarde o por la noche, visitaba a varias personas especialmente a los enfermos.

A nosotros nos correspondía ayudar a los desencarnados que acompañaban a los encarnados que acudían a él en busca de ayuda. También estuvimos siempre alerta ante ataques de personas desencarnadas con intenciones maliciosas; muchas veces tuvimos que arrestar a algunos y dejarlos en el Centro Espírita para que pudieran ser guiados en la siguiente sesión.

Durante este período recorrí con Isaías la parte más oscura de los umbrales. Al principio me impactó las condiciones en las que vivían tantos hermanos, un lugar muy triste con fluidos pesados, tantos sufren allí y otros se jactan de estar allí y de tener su casa en el Umbral. Brindamos ayuda fantástica y me impresionó la forma en que Isaías trató a nuestros hermanos oscuros en su ignorancia, cambiando a muchos de ellos y dirigiéndolos hacia el bien.

- Ricardo, todos merecemos estar en un lugar, nos sumamos a grupos similares.

Escuché esta explicación de Isaías cuando vi que muchas de las personas desencarnadas a las que ayudamos no querían ir a Puestos de Socorro o escuelas en el plano espiritual. Querían estar libres de sus dolencias y dolores, sin cambiar su forma de vivir.

Curados de sus enfermedades, recibían orientación, eran llevados al Puesto de Socorro del que formaba parte el Centro Espírita, y luego casi siempre regresaban a sus casas o lugares similares. Tiempo después, volvieron a pedir ayuda; sus enfermedades, casi siempre, habían regresado.

Isaías continuó iluminándome:

- Ricardo, en nuestros colegios y Puestos de Socorro hay mucha disciplina. Para que nuestro trabajo dé resultados, no podemos escapar a la regla: "Ordenar para progresar." Allí no se permiten vicios, no se permiten bebidas alcohólicas, no se permite fumar, no se pueden permitir chismes y lenguaje vulgar. Hay momentos para todo, y estos lugares de ayuda y aprendizaje son sencillos y sin lujos. A muchos no les gusta, no se adaptan allí, solo quieren una cura para males externos; incluso en el periespíritu está la parte externa. Si no se cura la parte interna, no hay cambios íntimos, con fluidos pesados de la corteza, pronto vuelven a tener sus dolencias. Y sufren hasta que realmente quieren cambiar, siendo el dolor mayor que el orgullo, hasta que aceptan nuestro lugar de ayuda como una bendición y con respeto. Muchos; sin embargo, no pueden permanecer en un Puesto de Socorro porque extrañan a sus seres queridos. Quieren estar con ellos con tanta intensidad que acaban viniendo y luego no saben cómo volver.

Después de cuatro años de trabajo en el Centro Espírita, los miembros de mi familia mejoraron mucho.

Papá, para nuestra felicidad, estaba pensando en hacerse cargo del negocio.

- Ricardo - dijo la abuela -, si quieres puedes volver al Educandário, no creo que Manuel pueda recaer.

Pensé por un momento y respondí:

- Me gustaría quedarme, abuela. Si puedo elegir, quiero quedarme aquí, quiero reenviar a una mayor comprensión de mi familia y dedicando más horas de trabajo a este grupo tan amigable.

¡Aun no he participado en las sesiones y tengo muchas ganas de hacerlo!

- Estoy orgullosa de ti, nieto mío, creo que tomaste la mejor decisión.

Nos abrazamos felices. Realmente me sentí muy feliz, estaba aprovechando la oportunidad que se me había brindado, estaba aprendiendo a servir.

EN EL CONFORT DEL ESPIRITISMO

Después de un tiempo en que comencé a dedicar más horas de trabajo al Centro Espírita, papá enfermó. Había sufrido un derrame cerebral y le diagnosticaron la enfermedad de Chagas. El derrame cerebral le dejó consecuencias, teniendo dificultad para moverse en el lado izquierdo de su cuerpo, además de problemas para hablar. Tratado con cuidados y fisioterapia, meses después caminaba con dificultad, sostenido por un bastón; había renunciado a volver a trabajar, nunca salía de casa y recibía pocas visitas.

El dolor, el sacrificio del ejercicio, los medicamentos, nada de eso hizo que papá se quejara. Yo estaba feliz con todo, en casa nadie se quejaba, y un día escuché a papá comentarle a mamá:

- Margaret, la sociedad no quería arrestarme, no me dejaron pagar mi delito en prisión. A veces me pregunto si estoy estancado. ¡Ya no salgo de casa, me quedo en mi habitación casi todo el tiempo y con mi enfermedad apenas camino y hablo tan descuidadamente!

- Manuel, no hables así, sufrimos sin quejarnos, tal vez este sufrimiento sea resultado de nuestro error; no vuelvas a mencionar esto, por favor, lo prometiste. Me temo que tus hijas lo oirán, definitivamente pensarán que fue una alucinación momentánea que tuviste.

Si papá no hablaba, pensaba mucho, todos los días oraba y pedía perdón.

Me llegó el turno de servir en sesiones prácticas en el Centro Espírita. Vibré de alegría. La primera vez que participé fue para el estudio evangélico y doctrinario. No había mucha gente encarnada. Por mucho que don Antônio invitara y orientara la necesidad que todos aprendieran, especialmente los médiums, a servir con mayor precisión y sabiduría, fueron pocos los que asistieron a las reuniones de estudio.

A muchas personas desencarnadas se les permitió quedarse para aprender. Isaías y otros colaboradores buscaron instruir y orientar el estudio de la noche. Comenzó con una oración, dicha cada día por una persona, el señor Antônio abrió *El Evangelio según el Espiritismo* y leyó un texto; posteriormente lo comentaba y los presentes podían dar su opinión, o incluso hablar sobre el texto leído.

Los desencarnados simplemente escuchaban y, si querían aclarar alguna duda, esperaban a que terminara la reunión, e Isaías gustoso las aclaraba.

Después se abrió *El Libro de los Espíritus* en el lugar marcado, se estuvo estudiando desde el principio; me gustó mucho la forma en que estudiaron, se leía una pregunta o más y discutían el tema hasta que todos entendían. Fue muy interesante, intercambiaron ideas, comentaron hechos que les habían sucedido y en los encuentros también leyeron artículos sobre la Doctrina Espírita, páginas de revistas y periódicos espíritas.

A la hora prevista finalizaron con la Oración de Cáritas y agradecieron la oportunidad de aprendizaje. Los encarnados se marcharon hablando. Nos quedamos más tiempo disfrutando de la compañía de Isaías. Ahora éramos nosotros los que conversamos, intercambiamos ideas, comentamos hechos, aclaramos dudas con las explicaciones de Isaías.

El trabajo de desobsesión comenzó para nosotros, desencarnados, horas antes, todo estaba bien organizado; Participaron varios equipos, para que pudiéramos aprender con precisión, también hubo una rotación. Un equipo se ocupaba de los enfermos desencarnados, otro, de los hermanos ignorantes del bien; un equipo ayudó a los encarnados, a los médiums, otro visitó las casas de los presentes, así como los pedidos que recibía el Centro Espírita, casi siempre de auxilio, pedidos de ayuda, anotados en el cuaderno que estaba sobre la mesa. También teníamos un equipo de médicos y nosotros, legos en la Medicina, participábamos como auxiliares de enfermería. Siempre hubo mucho trabajo. Los espíritus dormidos fueron despertados y reunidos con los que llegaron para escuchar la lectura del Evangelio y las oraciones. Todas las personas desencarnadas debían permanecer en silencio, respetando el ambiente. Los insubordinados, para no perturbar el trabajo, eran detenidos por fuerzas magnéticas y esperaban, en fila, ser incorporados. Los médiums llegaron y se sentaron a la mesa. El responsable de las incorporaciones comenzó a organizar la línea de quienes recibían orientación mediante la incorporación, y por cuál de los médiums.

Cuando un médium no llegaba se le echaba mucho de menos, a veces no era posible despertar a todos los que esperaban dormidos y muchos tenían que esperar la siguiente oportunidad. Y muchos sufrirían durante unos días o semanas más. Con todos sentados y en silencio, la sesión comenzó con una oración dicha por uno de los sentados alrededor de la mesa.

Antônio leyó un texto del Evangelio e hizo un breve comentario. La luz blanca se apagó.

Otro muy suave estaba conectado.

Con todos participando en la oración, la atmósfera era reconfortante, lo que llevó a muchas personas desencarnadas a llorar emocionadamente. Muchos, como predijo Isaías, ni siquiera necesitaron incorporación, comprendieron y aceptaron nuestra ayuda. Los protectores de los médiums se quedaron a su lado, ayudando en la incorporación. Los desencarnados se acercaron a los médiums, quienes recibieron sus ideas y comenzaron a hablar.

Es un fenómeno maravilloso. Cuando el desencarnado se acerca al médium, éste nota la gran diferencia en sus cuerpos, en cuanto el adoctrinador compara su situación. Casi siempre habla de su situación, de sus penas y de su dolor; al poder hablar y ser escuchado por los encarnados, recibe la guía de un adoctrinador y, en consecuencia, su perfeccionamiento.

Lejos del médium, espera en otra fila. Los desencarnados perturbados y malos casi siempre están inquietos, quieren incorporarse rápidamente, no tienen paciencia para esperar o no quieren hablar con nadie, especialmente con los encarnados. Tienen la conciencia intranquila y no les gusta rendir cuentas de sus acciones. Con sabiduría, don Antônio, ayudado por Isaías, conversó con ellos, tratando de hacerles comprender la necesidad de mejorar y cambiar la forma de vida.

Oramos con fe para que estos hermanos tomaran conciencia de sus errores y volvieran al bien.

Cerca de la hora de cierre, los rescatados fueron trasladados a un aerobús y trasladados al lugar apropiado; Isaías siempre guio a sus colaboradores.

No todos los Centros Espíritas funcionan de esta manera. Hay varias maneras de realizar la tarea y, si los miembros de un grupo tienen buena voluntad y determinación para hacer el bien, se logra. Sin embargo, quien estudia, aprende, sabe, lo hace con mayor seguridad.

Intenté realizar las tareas que eran mi responsabilidad de forma segura y de la mejor manera. Sin embargo, siempre que fue posible, presté atención a las incorporaciones. Me gustaban mucho. Cada persona desencarnada tenía una historia interesante. La muerte del cuerpo, la desencarnación, no es igual para todos, no sigue una regla general, y la mayoría de las personas sufren por cambiar su forma de vivir y no aceptar este cambio.

Me conmovió ver a tantas personas pasar años y años engañadas, sin siquiera darse cuenta que habían desencarnado. Muchos de ellos creían que la muerte sería diferente, y no por el sencillo proceso por el que pasaron. Otros se creían acreedores porque habían dicho muchas oraciones, algunas organizaciones benéficas y participó en servicios externos. Honraron con los labios y no con el corazón. Muchas, muchas veces lloré con ellos, sintiendo pena por su sufrimiento.

Viendo tantos imprudentes, Isaías, a través de don Antônio, siempre repetía, tanto a los desencarnados como a los encarnados que allí aprendían:

- Aprovechemos la oportunidad que nos ofrece el Padre Mayor para mejorar interiormente, intercambiando nuestros vicios por virtudes, aprendiendo a comprender las verdades eternas. Y para nosotros, encarnados, lo más importante es regresar al plano espiritual con buenas obras, con nuestros talentos multiplicados; y de ahora en adelante debemos hacer todo lo posible para alinearnos con el bien para que merezcamos permanecer en los buenos lugares.

Y su orientación satisfizo nuestras necesidades. Nosotros, los desencarnados, meditábamos en profundo silencio y a menudo escuchaba, al final de la sesión, a los encarnados intercambiar ideas:

- No quiero desencarnar y quedarme en el Umbral. ¡Dios mío, qué triste es!

- ¡Vive de una manera que merece ser ayudada, Marisa!

- ¡Qué mal es desencarnar y engañarse, pensando que el cuerpo no murió!

Entendí que el objetivo principal de las reuniones era educar, instruir, adoctrinar y sanar el espíritu.

Después de la partida de los rescatados, uno de los presentes rezó la Oración de Cáritas. Los guías desencarnados rociaron fluidos saludables sobre todos los encarnados que oraron y recibieron energía pura, fuerza para el espíritu y el cuerpo.

Con la partida de los encarnados nuestro trabajo no terminó. Organizamos todo, saliendo del Centro Espírita en el plano espiritual, limpio y organizado. Nuestros equipos también acompañaron a los rescatados hasta el Puesto de Socorro. Fui allí muchas veces, era grande y muy bonito. Acomodamos a los pacientes en las salas, casi siempre preguntaban sus dudas y hablábamos durante horas, motivándolos, explicándoles dónde estaban, qué les había pasado realmente. Casi todos se sintieron felices de curarse y prometieron mejorar y adaptarse a la nueva forma de vida. Lástima, pensé, que la mayoría de la gente pronto olvidara este propósito.

Disfruté mucho participar en el trabajo del equipo médico como auxiliar de enfermería, ayudando a personas encarnadas y desencarnadas; siempre presté atención a las explicaciones que nos daban los médicos:

- Las enfermedades tienen distintos orígenes: las kármáticas, que a veces solo podemos aliviar para animar a los enfermos; las que logramos curar son las enfermedades que creamos a través de adicciones, por una alimentación incorrecta y excesiva, y muchas otras enfermedades comunes, como la gripe, el sarampión, etc., que son simples consecuencias de vivir en los fluidos de la Tierra.

Fluidificar el agua era una gran responsabilidad. El Doctor Jamil, nuestro compañero desencarnado, organizó la medicación, la colocó con cuidado en los frascos privados e fluidificó energéticamente el agua que todos beberían.

En el Centro Espírita no existían servicios sociales. Don Antônio siempre decía que la caridad material era responsabilidad de cada uno; y daba ejemplo, ayudaba a todo el que se lo pedía y siempre estaba repartiendo provisiones por los suburbios de la ciudad.

Personalmente conocí y participé en todos los trabajos y, si podía elegir, ayudé en las incorporaciones. En esta ayuda aprendí mucho, entendí que es mucho más fácil desencarnar conociendo el fenómeno de la muerte física y entendiendo cómo será la vida después de la muerte del cuerpo carnal. Todas las religiones son buenas; los religiosos están vinculados al Padre; ser bueno es tener un tesoro de felicidad en el plano espiritual, estar en sintonía con una vida sencilla y pura y amar los lugares de ayuda.

Pero el Espiritismo enseñó a amar con entendimiento y a comprender las enseñanzas de Jesús con razonamiento lógico. Los encarnados espíritas ganaron mucho aprendiendo lo que muchos de nosotros estábamos haciendo ahora, desencarnados. Pensé qué bueno sería que mi familia conociera y entendiera el Espiritismo. Sabiendo que el señor Antônio visitaba a tantos enfermos, le pregunté a Isaías:

- Isaías, el señor Antônio podría visitar a mis padres, ¡el Espiritismo les hará mucho bien!

- Podemos preguntarte.

El señor Antônio recibió mi pedido sin entusiasmo.

- "¿Cómo podría ir a una casa - pensó - sin ser invitado? ¿Cómo sería recibido si los conociera?"

No me desanimé, insistí; dos días después, cuando salió a sus visitas, lo acompañé, instruido por Isaías; pasó frente a la casa de mis padres, estuvo indeciso por unos minutos, me acerqué a él y le pedí:

- Señor Antônio, por favor vaya, necesitan orientación, ayuda, por favor vaya.

El señor Antônio aplaudió en la puerta y Negrita lo atendió en unos momentos. Mi amigo dijo un poco tímidamente:

- Vine a visitar al señor Manuel.

- Pase señor, ya estamos en la habitación, el señor Manuel estará feliz. Recibe tan pocas visitas que sus viejos amigos lo olvidan.

Entró el señor Antônio, papá lo saludó y lo reconoció como un antiguo cliente de la tienda. Sin embargo, había pocos conocimientos para una visita y mis padres tenían curiosidad.

El señor Antônio, agradable, simpático, condujo la conversación hacia temas alegres y los minutos transcurrieron rápidamente. Queriendo hablar de la Doctrina Espírita, sentí que Negrita preguntaba:

- Señor Antônio, ¿es usted espírita?

- Sí señora, soy espírita.

- ¿Qué es el Espiritismo, señor Antônio? - Preguntó mamá.

- Una religión codificada por Allan Kardec, que nos da una comprensión de la vida en sus diferentes formas de vivirla, ya sea en el cuerpo físico o en el Más Allá, con el cuerpo muerto.

La respuesta simple les llegó directamente y todos guardaron silencio y pensaron en mí. Mamá preguntó, otra vez con curiosidad:

- ¿Crees que nuestro Ricardo vive diferente? ¿Él está vivo?

- Sí, vivo en espíritu, y Ricardo los quiere mucho.

Le hicieron muchas preguntas al señor Antônio, quien pacientemente las respondió, y la visita continuó.

- Es tarde - dijo mi amigo -, debo irme.

- ¡Por favor no te vayas, hace tanto que no teníamos una conversación tan agradable! - Dijo mamá.

- Señor Antônio - dijo papá con su modo confuso, ayudado a veces por mamá o Negrita -, su religión debe dar mucha esperanza a sus seguidores. Si puedes regresa, me interesó profundamente, me gustaría conocer y comprender tus enseñanzas.

- Es un placer volver y, si lo deseas, te traeré algunos libros en los que encontrarás estas enseñanzas.

- ¿Podrías comprárnoslos? Me gustaría tener algunos - dijo mamá emocionada -. Qué maravilloso es poder leer: saber cómo está viviendo Ricardo, cómo es la continuación de la vida en el Más Allá.

- Sí, puedo comprarlos, tengo algunos ejemplares para vender, que adquirí en la Feria del Libro del año pasado.

Mamá se disculpó, salió de la habitación y volvió con una suma de dinero que le entregó al señor Antônio.

- Cómprenoslos, por favor, señor Antônio. Aquí tienes el dinero, tráenos lo que creas mejor, así podremos volver a disfrutar de tu compañía cuando vengas a traerlos.

Cuando el señor Antônio se fue, hablaron animadamente sobre el tema que habían escuchado y, como era de esperar, les gustó mucho el asesor del Centro Espírita.

Le agradecí al Sr. Antônio. Me sonrió, percibió mis fluidos y dijo suavemente:

- Fuiste tú, eh, Ricardo, quien me hizo venir a visitarlos. Gracias amigo, fue una visita útil.

Don Antônio inmediatamente fue a ordenar los libros para llevárselos a mamá, y exclamó al contar el dinero:

- Bueno, la señora Margaret piensa que los libros espiritistas son tan caros como los comunes.
¡Comprará muchos libros!

Dos días después, don Antônio tomó los libros, explicó lo que encontrarían en cada uno de ellos y hablaron largamente sobre el Espiritismo. Me conmovió cuando papá le preguntó:

- Señor Antônio, ¿sería posible darme un pase?

El señor Antônio amablemente les dio un impulso de energía y todos se sintieron bien. El líder espírita se convirtió en un amigo siempre bienvenido en esa casa. Comenzaron a leer libros, a intercambiar ideas, a hablar de textos y, como había sugerido el señor Antônio, todos los días, por la tarde, se reunían y mamá leía un texto de *El Evangelio según el Espiritismo* y oraban juntos.

El ambiente en mi casa cambió, la tristeza ya no dejaba fluidos grises, empezaron a pensar en la caridad y, lo más importante, a practicarla.

Valquíria se había adaptado bien, ahora pasaba mucho tiempo con mis padres, escuchando tranquilamente la lectura y las oraciones, disfrutando de sentarse al lado de papá.

Papá sufrió su segundo derrame cerebral, que le dejó consecuencias más graves. Decía pocas cosas y solo se movía con ayuda. Ahora pasaba casi todo el tiempo acostado o sentado; Comenzó a meditar sobre las enseñanzas que había adquirido.

Valquíria ahora le hacía constante compañía, se sentaban cerca, en silencio, pero compartiendo cariño y resignación.

Los cuatro se juntaban por más tiempo y, para no cansar a papá, eran mamá o Negrita quienes leían los libros en voz alta; a veces se detenían a comentar el texto.

Y, como Carlos había predicho, Valquíria no se encontraba bien físicamente, su débil organismo pronto expulsaría su alma.

Fue durante una de estas reuniones, donde mamá estaba leyendo, que Valquíria simplemente se apagó.

Su cuerpecito se estremeció y dejó de respirar.

Su funeral fue sencillo y papá no pudo ir, sentía demasiado su ausencia. Pero esta vez, con comprensión espiritual, evitaron llorar y trataron de conformarse.

Mamá se arrepintió mucho de haber querido, años atrás, que ella muriera y se lo mencionó al Sr. Antônio, apenas los visitó.

- Lo que importa señora Margaret son sus sentimientos ahora, no debería pensar más en eso. Ella le dio mucho cariño en estos últimos años y se hicieron amigas, se querían. Valquíria tuvo el tiempo que necesitaba para reajustarse; la muerte de su cuerpo fue una liberación. Donde esté ahora, tendrá una cura para sus males. Pensemos en ella, feliz y en paz, y recemos para que se adapte allí.

El señor Antônio tenía razón. Valquíria fue desconectada amorosamente por los rescatistas, llevada a un Puesto de Socorro al que estaba afiliada como ex víctima de suicidio y allí continuó recibiendo orientación. Fue con gran alegría que recibí permiso para visitarla.

- ¡Valquíria!

- ¡Ricardo! ¡Mi Ri!

Nos abrazamos tiernamente, Valquíria estaba sana, hablaba perfectamente, su apariencia había cambiado, estaba tranquila. Ella me explicó:

- Se me permitió cambiar mi apariencia, incluso podría tener la apariencia que tuve en otra existencia, pero no quiero ser bella como era antes ni tan fea como fui en esta; pero cuando recuperé la salud, obtuve esta apariencia y seguiré así. ¡Ricardo, hermano mío, estoy tan feliz de verte y de hablar contigo!

Valquíria tenía una voz agradable y dulce, estaba feliz de hablar, caminar con seguridad, correr.

- Valquíria, me alegro de verte así.

- Me amaste, me ayudaste, te lo agradezco.

- Quiero amar y ayudar siempre. Valquíria, ¿por qué no intentas amar a todos también?

- ¡Voy a aprender, Ricardo, las enseñanzas que escuché sobre la Doctrina Espírita me ayudaron mucho! Mi cerebro físico tal vez no los entienda, pero espiritualmente sí, las recuerdo con cariño, las estudiaré y me estableceré en el bien. ¡Qué bueno amar a todos y no sentir lástima por nadie!

- El amor, hermana mía, es la medicina para todos los males, una fuerza pura que nos acerca al Padre.

Que Dios te proteja, Valquíria.

Y, siempre que me lo permitían, iba a visitarla, conversábamos mucho y acompañaba felizmente a Valquíria, quien con determinación comenzó a estudiar, trabajar y pronto, dentro de la institución, pasó a formar parte de un equipo de ayuda a víctimas de suicidio.

Mi hogar terrenal había cambiado, sin Valquíria. La obra se redujo, quedó vacía y silenciosa sin sus gritos y llantos.

Mamá y Negrita, siguiendo el consejo del señor Antônio, donaron todas las pertenencias de Valquíria, e incluso algunas mías que estaban guardadas, a una escuela que guiaba a niños excepcionales. Con el permiso de papá, los dos empezaron a ir a reuniones de estudio. También empezaron a confeccionar ropa y a distribuirla en zonas pobres de la ciudad. Se enfrentaron a mucho sufrimiento, le dijeron a papá. Al ver que muchos sufrían más que ellos, comprendieron que es ayudando como se ayuda, y consolando como se consuela.

Papá, como estuvo mucho tiempo acostado y sentado, empezó a lesionarse. A veces lloraba de dolor, pero no se quejaba, oraba mucho, pedía perdón y, lo más importante, se perdonaba a sí mismo.

El señor Antônio invitó a mamá y a Negrita a presenciar el trabajo práctico de incorporación y fueron. Isaías me dijo, cuando las vio entrar en la habitación:

- Ricardo, prepárate. Al finalizar el trabajo, antes de la Oración de Cáritas y de la oración final, te incorporarás y hablarás con los miembros de tu familia presentes a través del dispositivo mediúmnico de doña Ana.

Emocionado, pensé en lo que diría y esperé ansiosamente mi turno.

Cuando terminó el adoctrinamiento de los rescatistas de la noche, el señor Antônio, instruido por Isaías, me vio al lado de doña Ana y me dijo:

- La señora Ana te recibirá una vez más, es una amiga que le dará una comunicación a tu actual madre.

Estaba impresionado; era la primera vez que disfrutaba de la gracia de este intercambio. Hablé y, como en un disco grabado, doña Ana lo repitió en voz alta para que lo oyeran los encarnados.

Me emocioné, contuve las lágrimas. No queriendo abusar, traté de ser breve y dije:

- Mami, Negrita, les pido su bendición. Estoy muy bien, vivo feliz, agradezco la oportunidad de hablar con ustedes, así como el hecho que acepten la gracia del consuelo que el Espiritismo nos da a todos. Les pido paciencia y firmeza en el camino al que fueron llamadas a seguir. Traigo noticias de Valquíria, mi hermanita está preciosa, sana y muy feliz. Envíale mi petición de bendición a papá y dile también que lo amo mucho. ¡Los quiero tantísimo a todos!

Me alejé. No solo lloraron mamá y Negrita, sino muchos de los presentes y hasta yo. Isaías me abrazó.

- Isaías, estoy agradecido con todos.

- Ricardo, la mediumnidad es maravillosa cuando sirve al bien, demos gracias al Padre, las acompañé, las dos estaban contentas, agradecidas, y cuando llegaron fueron a decírselo a papá.

- Mi Ricardo vive, está feliz – exclamó -, ¡gracias a Dios!

Lloraron de emoción, de añoranza y las lágrimas de resignación los aliviaron; con calma, oraron en agradecimiento.

Empecé a dedicar más horas de trabajo al Centro Espírita. El resto, me quedé con los míos para animarlos. Ahora mi tarea en casa era fácil. Si vi a papá sufrir físicamente, en cambio se fortaleció espiritualmente y eso fue lo más importante. Sabía que desencarnaría y su sufrimiento estaba curando su espíritu. Y no falta trabajo en un Centro Espírita; el aprendizaje fue diario y el tiempo pasó.

ALELUYA

Papá no se encontraba bien, tanto que Isaías me permitió pasar más tiempo con él. Esa mañana iba a celebrar quince años de mi fallecimiento. Como siempre, le realizaron higiene diaria a papá y él soportó pacientemente el dolor que sentía mientras le atendían las heridas provocadas por la inmovilización. Presentaba heridas en todo el cuerpo, principalmente en espalda, nalgas y piernas, las cuales desprendían olores desagradables. Sentí mucho dolor y cansancio.

Los tres recordaron la fecha y comentaron los tristes hechos ocurridos hace quince años. Éramos felices y este día marcó a todos, haciéndoles experimentar dolor y sufrimiento.

Dejaron a papá en la cama, él comenzó a recordar claramente los acontecimientos de ese día. Luego empezó a recordar acontecimientos de su vida, sin ningún orden. Su cuerpo se estaba debilitando, respiraba con dificultad y pronto sufriría su tercer derrame cerebral. Mamá y Negrita, cuando lo vieron, se preocuparon y les pidieron que fueran al médico. Pronto llegó el voluntario y lo examinó:

- El señor Manuel no se encuentra bien, señora Margaret. Mandaron llamar a Taís y a Telma y yo llamé a Isaías.

- Ricardo – me dijo Isaías cariñosamente –, tu padre está falleciendo. Los rescatistas llegarán pronto para sacarlo del cuerpo y el Sr. Manuel será trasladado a un Puesto de Socorro. Tu padre cometió muchos errores, sufrió mucho, aprendió a amar y, lo más importante, aprovechó su sufrimiento para aprender y cambiar, soportó el sufrimiento físico, como medicina para su espíritu.

La familia en oración siguió su agonía, guardaron silencio. Isaías adormeció el espíritu de papá, que dejó de sufrir; los rescatistas lo desconectaron y lo sacaron del cuerpo, y murió.

Seguí todo con calma, orando con fe, vibrando con cariño, para que tuvieran fuerza, ante este sufrimiento. Sabiendo que papá iba a estar dormido un rato, me quedé allí para consolar a mamá.

Cuando el médico dio la noticia, mamá lloró suavemente, trató de orar, me pidió ayuda, me pidió que derivara a papá.

Taís y Telma hicieron todo lo posible para consolar a mamá. Fueron juntas al funeral, sintiendo sin repugnancia que papá había fallecido. Esta vez continuaron yendo a la casa de mamá e hicieron todo lo posible para complacerla y consolarla.

Después de la misa del séptimo día que Taís ordenó celebrar, todos los de la familia se dirigieron al cementerio, en la misma tumba estaban los restos de papá, Valquíria y los míos, como Ricardo.

- Margaret - dijo Taís -, Márcio y yo queremos que tú y Negrita vengan a vivir con nosotros.

- Este es también nuestro deseo - dijo Telma.

Mamá lloró, se emocionó, agradeció y abrazó a sus hijastras.

- Gracias hijas mías, Negrita y yo queremos quedarnos en nuestro rincón, no queremos cambiar, ese es nuestro lugar, pero quiero pedirles que nos entierren aquí, con ellos, cuando nuestro cuerpo muera. Queremos que los cinco estemos juntos.

Todos se fueron, solo quedaron mamá y Negrita, rezando.

- ¡Negrita, qué buenas son Taís y Telma!

- Doña Margaret, siempre fuiste buena con ellas también.

- Sí, Negrita, recibo una pequeña parte de mi cosecha, la buena. ¿Alguna vez has pensado que si hubieras sido malo con ellas, ahora solas, con quién contaríamos? Tuve dos hijos, los tengo, pero se fueron temprano, solo me quedan ellas.

- No estás sola, me tienes a mí; yo no tengo a nadie.

- Nos quejamos por nada, tenemos mucho y tendremos más si lo merecemos. Si te tengo a ti, me tienes a mí. ¿Qué tal si pensamos que somos dos hermanas? Para empezar, ¡no me llames más señora!

- ¿Me acostumbraré?

Los dos regresaron del brazo y con muchos planes. Iban a ser miembros activos de obras de caridad y asistirían a todas las sesiones del Centro Espírita. A partir de ahora fueron supuestas espiritistas.

Por la noche se reunieron para hacer negocios, mamá dijo:

- Márcio, quiero que tú te ocupes del testamento, tú y Carlos. Solo quiero conservar esta casa y dejar que las niñas la disfruten. También quiero pasar la casa que tenemos en la esquina a nombre de Negrita; si muero primero, quiero que al menos tenga una buena casa y el alquiler para sustentarla, junto con la pensión que pronto recibirá. Con la pensión que recibiré de Manuel, Negrita y yo viviremos bien.

- Sra. Margaret, ¿está segura que esto es lo que quiere? La mitad de todo lo que tenía el señor Manuel te pertenece.

- Así lo quiero, Márcio, todo lo que fue de Manuel debe ser de Taís y Telma.

- Haré lo que quieras, pero temo que la jubilación no podrá sustentarlas en el futuro. Transferiré las casas de alquiler que el señor Manuel tenía a su nombre a Taís y Telma. De esta manera tendrán más ingresos y estaremos seguros que estarán bien económicamente. Y les reafirmamos: nuestras viviendas estarán a disposición de las dos, vengan a vernos cuando quieran. Pueden estar seguras que siempre podrán contar con nosotros, continúa la familia. Usted, señora Margaret, siempre ha sido como una madre para Taís y Telma, abuela para nuestros hijos, la amamos y nuestra amistad debe continuar.

Cuando recibí el mensaje que papá había despertado, casi un mes después, fui a visitarlo, estaba en un Puesto de Socorro cerca de la corteza, un lugar de amor, pequeño, sencillo y hermoso.

Nos abrazamos, nos emocionamos, lloramos y él exclamó:

- ¡Realmente desencarné!

- Papá, estás en un Puesto de Socorro recuperándote, pronto podrás levantarte, debes trabajar duro para sanar. Puedes ser útil; enfermo, tendrás que recibir ayuda.

- Haré lo mejor que pueda, hijo mío, llevo tantos años enfermo, estoy feliz de estar curado, ya no siento dolor.

- Papá, eres huésped de esta casa de caridad, quien quiera quedarse aquí. Si quieres volver a casa, solo tienes que desearlo ardientemente, pero no debes hacer eso, no debes desear volver allí, ahora estás desencarnado y solo debes desear vivir como tal en espíritu, sin el cuerpo carnal.

- Entiendo, hijo; extrañaré a la familia, pero no estar encarnado. Todavía huelo el olor desagradable de mis heridas. Me siento tan bien aquí, no haré nada sin orden ni permiso, quiero ser y seré obediente. Agradezco a Dios y a todos los que me ayudaron.

Regresé tranquilamente. En casa, Negrita y mamá estaban bien. Poniendo en práctica sus planes, llevaron a cabo sus tareas con entusiasmo.

Ahora podría retomar mis estudios, podría completarlos en las esferas superiores y llevaría conmigo un gran caudal de conocimientos, adquiridos durante los años que pasé trabajando y aprendiendo entre amigos en el Centro Espírita.

Le comuniqué mi decisión a Isaías.

- Ricardo, me alegra haberte tenido con nosotros estos años, y me alegra aun más saber que tienes ganas de estudiar y progresar.

Isaías reunió a todos los trabajadores y, después de la reunión vespertina, me despedí de todos abrazándolos uno a uno.

Éramos amigos y los amigos sabemos decir adiós, era "¡hasta luego!" con votos de felicidad. Salí después de quince años, el tiempo había pasado, envejecimos al reencarnar, pero yo estaba como minutos antes del accidente. No había cambiado, los encarnados que me amaban pensaban en mí así, era bueno para papá verme así, con apariencia de adolescente, pero con la madurez de un adulto. Ya había pasado el tiempo.

Primero fui a ver a papá y encontré a la abuela Margarita y a mamá Manuela visitándolo. Papá tomó la mano de mamá Manuela:

- Manuela, me hace mucho bien tu perdón, gracias.

- Manuel, te perdoné hace tanto tiempo. Olvidemos los hechos tristes. Regocijémonos en el presente y tengamos esperanza en el futuro.

- ¡Papá! ¡Mami! - Exclamé.

Nos abrazamos. Mamá Manuela se levantó y se paró junto a la abuela que estaba parada al otro lado de la cama. Me senté donde ella estaba, en una silla a la cabecera de su cama, y le tomé la mano.

- ¿Cómo estás, papi?

- ¡Pues hijo, Manuela vino a visitarme y me perdonó!

Papá me estrechó la mano, cerró los ojos y, conmovido, siguió hablando:

- Solo necesito ver a mi Raúl, tenía tantas ganas de verlo, pide, te pido perdón, hijito mío Raúl, ¡lo amo tanto ahora!

Quería ser Raúl, me concentré y cambié de imagen. Adquirí los rasgos que tenía antes, mi periespíritu cambió a la apariencia que tenía como Raúl.

Papá abrió los ojos, me miró y exclamó asustado:

- ¿Raúl? ¿Eres Ricardo?

La abuela aclaró tranquilamente:

- !Sí!

Raúl y Ricardo son un solo espíritu; Tuvo dos reencarnaciones como tu hijo, porque te ama mucho. Tú, Manuel, entiendes la Ley de la Reencarnación y sabes que esto es posible.

- ¡Dios mío! Raúl y Ricardo son una sola persona; es decir, ¡un solo espíritu! ¿Como puede? ¿Te maté, Raúl, y volviste como mi hijo otra vez?

- Te perdoné como Raúl y, como Ricardo, hice que me perdonaras.

- ¿Perdonarte? ¿Por qué querías mi perdón? ¿No fui yo quien mató tu cuerpo como Raúl?

- En otras reencarnaciones estuvimos juntos, padre mío, esto lo recordarás después. Me odiabas porque te ofendí mucho.

- ¿Qué nos importa el pasado? No quiero recordarlo ni pensar en él, hay demasiadas tristezas. Lo importante para mí es saber que todos los que ofendí me han perdonado, y prueba de ello tengo de Raúl, que incluso volvió a ser mi hijo. ¡Te amo, Raúl, Ricardo!

Volví a cambiarme, teniendo la imagen periespiritual de Ricardo, y nos abrazamos.

- Ricardo, hijo mío - dijo emocionado mi padre -, doña Margarita y Manuela me contaron lo que hiciste por mí todos estos años, te lo agradezco. Quiero que sepas, Ricardo, que no te daré más preocupaciones. Quiero, en el menor tiempo posible, empezar a servir y dejar de ser servido. Obedeceré, cumpliré con precisión las órdenes que me des, estoy bien y estaré cada día mejor. No quiero que te preocupes por mí. Ya has hecho mucho por mí, ahora necesito seguir tu ejemplo, ya no quiero ser alguien necesitado. Ve, hijo, y cuídate ahora de ti, de tus sueños y metas.

- ¡Papá, qué bueno verte así, decidido y dispuesto a superarte! Siempre vendré a visitarte, siempre quiero escuchar de ti palabras de optimismo.

- Gracias hijo. Sabes, recibí la visita de nuestra Valquíria y ella siempre vendrá a verme también. La abuela y mamá Manuela se despidieron, yo me quedé a hablar con papá un rato más.

Feliz, me contó sus planes y yo lo animé.

Haría mi sueño realidad.

Estaba oscureciendo, desde el jardín del Puesto de Socorro miré el firmamento, la inmensidad del universo.

¡Tengo mucho que aprender! Ahora me siento preparado para hacerlo y ser útil. Para hacer mi obra de amor, mi ofrenda en el altar de la vida, de reconocimiento al Señor, mi Padre Eterno, Creador de todas las cosas.

Me había reconciliado con mi prójimo. ¡Aleluya!

FIN.

Grandes Éxitos de Zibia Gasparetto

Con más de 20 millones de títulos vendidos, la autora ha contribuido para el fortalecimiento de la literatura espiritualista en el mercado editorial y para la popularización de la espiritualidad. Conozca más éxitos de la escritora.

Romances Dictados por el Espíritu Lucius

La Fuerza de la Vida

La Verdad de cada uno

La vida sabe lo que hace

Ella confió en la vida

Entre el Amor y la Guerra

Esmeralda

Espinas del Tiempo

Lazos Eternos

Nada es por Casualidad

Nadie es de Nadie

El Abogado de Dios

El Mañana a Dios pertenece

El Amor Venció

Encuentro Inesperado

Al borde del destino

El Astuto

El Morro de las Ilusiones

¿Dónde está Teresa?

Por las puertas del Corazón

Cuando la Vida escoge

Cuando llega la Hora

Cuando es necesario volver

Abriéndose para la Vida

Sin miedo de vivir

Solo el amor lo consigue

Todos Somos Inocentes

Todo tiene su precio

Todo valió la pena

Un amor de verdad

Venciendo el pasado

Otros éxitos de Andrés Luiz Ruiz y Lucius

Trilogía El Amor Jamás te Olvida

La Fuerza de la Bondad

Bajo las Manos de la Misericordia

Despidiéndose de la Tierra

Al Final de la Última Hora

Esculpiendo su Destino

Hay Flores sobre las Piedras

Los Peñascos son de Arena

Otros éxitos de Gilvanize Balbino Pereira

Linternas del Tiempo

Los Ángeles de Jade

El Horizonte de las Alondras

Cetros Partidos

Lágrimas del Sol

Salmos de Redención

Libros de Eliana Machado Coelho y Schellida

Corazones sin Destino

El Brillo de la Verdad

El Derecho de Ser Feliz

El Retorno

En el Silencio de las Pasiones

Fuerza para Recomenzar

La Certeza de la Victoria

La Conquista de la Paz

Lecciones que la Vida Ofrece

Más Fuerte que Nunca

Sin Reglas para Amar

Un Diario en el Tiempo

Un Motivo para Vivir

¡Eliana Machado Coelho y Schellida, Romances que cautivan, enseñan, conmueven y pueden cambiar tu vida!

Romances de Arandi Gomes Texeira y el Conde J.W. Rochester

El Condado de Lancaster

El Poder del Amor

El Proceso

La Pulsera de Cleopatra

La Reencarnación de una Reina

Ustedes son dioses

Libros de Marcelo Cezar y Marco Aurelio

El Amor es para los Fuertes

La Última Oportunidad

Nada es como Parece

Para Siempre Conmigo

Solo Dios lo Sabe

Tú haces el Mañana

Un Soplo de Ternura

Libros de Vera Kryzhanovskaia y JW Rochester

La Venganza del Judío

La Monja de los Casamientos

La Hija del Hechicero

La Flor del Pantano

La Ira Divina

La Leyenda del Castillo de Montignoso

La Muerte del Planeta

La Noche de San Bartolomé

La Venganza del Judío

Bienaventurados los pobres de espíritu

Cobra Capela

Dolores

Trilogía del Reino de las Sombras

De los Cielos a la Tierra

Episodios de la Vida de Tiberius

Hechizo Infernal

Herculanum

En la Frontera

Naema, la Bruja

En el Castillo de Escocia (Trilogía 2)

Nueva Era

El Elixir de la larga vida

El Faraón Mernephtah

Los Legisladores

Los Magos

El Terrible Fantasma

El Paraíso sin Adán
Romance de una Reina
Luminarias Checas
Narraciones Ocultas
La Monja de los Casamientos

Libros de Elisa Masselli
Siempre existe una razón
Nada queda sin respuesta
La vida está hecha de decisiones
La Misión de cada uno
Es necesario algo más
El Pasado no importa
El Destino en sus manos
Dios estaba con él
Cuando el pasado no pasa
Apenas comenzando

**Libros de Vera Lúcia Marinzeck de Carvalho
y Patricia**

Violetas en la Ventana

Viviendo en el Mundo de los Espíritus

La Casa del Escritor

El Vuelo de la Gaviota

**Vera Lúcia Marinzeck de Carvalho
y Antônio Carlos**

Amad a los Enemigos

Esclavo Bernardino

la Roca de los Amantes

Rosa, la tercera víctima fatal

Cautivos y Libertos

Deficiente Mental

Aquellos que Aman

Cabocla

El Ateo

El Difícil camino de las drogas

En Misión de Socorro

La Casa del Acantilado

La Gruta de las Orquídeas

La Última Cena

Morí, ¿y ahora?

Las Flores de María

Nuevamente Juntos

Libros de Mônica de Castro y Leonel

A Pesar de Todo

Con el Amor no se Juega

De Frente con la Verdad

De Todo mi Ser

Deseo

El Precio de Ser Diferente

Gemelas

Giselle, La Amante del Inquisidor

Greta

Hasta que la Vida los Separe

Impulsos del Corazón

Jurema de la Selva

La Actriz

La Fuerza del Destino

Recuerdos que el Viento Trae

Secretos del Alma

Sintiendo en la Propia Piel

World Spiritist Institute
https://iplogger.org/2R3gV6

www.ingramcontent.com/pod-product-compliance
Lightning Source LLC
LaVergne TN
LVHW041804060526
838201LV00046B/1118